Despertar en primavera

(historias para refrescar el alma)

Anthony de Mello
Ignacio Larrañaga
Thomas Merton

Grupo Editorial Lumen
Buenos Aires - México

Colección: **Antología espiritual**

Diagramación: Damián Errante
Coordinación gráfica: Lorenzo Ficarelli
Diseño de tapa: Gustavo Macri

2.ª reimpresión

ISBN 987-00-0252-8

Fuentes:
Ignacio Larrañaga: *Sube conmigo, Muéstrame tu rostro, Encuentro.*
Thomas Merton: *El camino de Chuang-Tzu.*
Anthony de Mello: *Caminar sobre las aguas,*
Publicados con las debidas autorizaciones.
© Editorial Distribuidora Lumen SRL, 2003.

Grupo Editorial Lumen
Viamonte 1674, (C1055ABF) Buenos Aires, República Argentina
4373-1414 (líneas rotativas) Fax (54-11) 4375-0453
E-mail: editorial@lumen.com.ar
http://www.lumen.com.ar

Atenas 42,
(06600) México D.F., México
Tel. 52-55-55 92 53 11 • Fax: 52-55-55 92 55 40
E-mail: editorial@lumenmexico.co.mx

PRÓLOGO

En uno de sus libros, Anthony de Mello cuenta que, en la tumba de uno de los antiguos faraones de Egipto, fue hallado un puñado de granos de trigo que fueron plantados y regados y que, para general asombro, tomaron vida y retoñaron al cabo de cinco mil años. Como comentario, el autor nos dice: "Yo solía pensar que las palabras escritas estaban muertas y secas. Ahora sé que están llenas de energía y de vida. Era mi corazón el que estaba frío y muerto, así que, ¿cómo iba a crecer nada en él?" *(El canto del pájaro)*.

Cuando se rescatan los escritos producidos hace años por hombres de fe, a veces uno se pregunta qué vigencia pueden tener, cómo pueden llegar a nuevos lectores, cómo se adaptarán a las circunstancias del mundo actual.

Sin embargo, la sabiduría de ciertos textos es eterna y sobrevive en el corazón de aquellos que lo leen tratando de descifrar su mensaje.

El lector que incursione por estas páginas descubrirá mucho más que una serie de cuentecillos que guardan sus raíces en culturas milenarias. Sus compiladores leyeron en ellos, antes que nosotros, una sublime filosofía de vida, una guía de reflexión, un camino para encontrar respuestas.

Esta obra incluye relatos seleccionados por Anthony de Mello en sus libros *Caminar sobre las aguas* y *El canto del pájaro*, pertenecientes a diferentes culturas orientales, y de Thomas Merton, de su libro *El camino de Chuang Tzu*, que abarca el período clásico de la filosofía china comprendido entre los años 550 y 250 a. C.

A pesar de pertenecer a culturas remotas, estos textos hablan al hombre occidental, necesitado de recobrar espontaneidad y profundidad en un mundo cuya capacidad tecnológica lo vacía, a cada paso, de valores éticos y espirituales.

La búsqueda de Dios, el camino hacia el propio centro, la paz, la armonía, la felicidad son alternativas que los hombres se han planteado a lo largo de los siglos.

Cada agrupación de cuentos presenta una introducción: algunas, de los autores citados; otras, las más extensas, fueron seleccionadas de la pluma de Ignacio Larrañaga *(Sube conmigo, Muéstrame tu rostro, Encuentro)*.

No dudamos de que el lector de estas páginas disfrutará a medida que bucee en ellas, pues el descubrimiento, la relectura, la meditación y, en algunos momentos, la sonrisa lo guiarán en su propio camino de crecimiento espiritual.

• • •

Ignacio Larrañaga (I. L.)
Franciscano capuchino (1928)

Ignacio Larrañaga es autor de 15 libros sobre espiritualidad, cristología y otros temas. Nació el 4 de mayo de 1928, en España. Fue ordenado sacerdote en 1952, en Pamplona (España) y el 20 de diciembre del 2002 cumplió 50 años de su ordenación sacerdotal. Pertenece a la congregación de los franciscanos capuchinos. .

Aunque él no lo reconoce, porque afirma que su apostolado "(es silencioso)", su gran realización son los Talleres de Oración y Vida —conocidos por la sigla TOV— que tienen por finalidad enseñar a orar de modo ordenado y progresivo. También ayudan a las personas a liberarse de angustias, complejos, tristezas, y sustituir todo lo anterior por la paz interior, la paz del espíritu.

Los talleres se constituyeron en 1985 y con el correr de los años se han fortalecido con la presencia de 37 países. Para sus miembros, el año 2002 fue muy especial, pues aparte del aniversario de la ordenación del fundador, en octubre el Papa Juan Pablo II "otorgó su reconocimiento al movimiento TOV".

• • •

Anthony de Mello (A. M.)
Jesuita (1947-1987)

En 1987, el jesuita indio Anthony de Mello, gran autor de libros espirituales, falleció en Nueva York, a los 56 años. Sin embargo, a partir de su muerte, su palabra fue creciendo y extendiéndose de manera incesante, y hoy millones de lectores de todo el mundo han llegado a conocer la extraordinaria obra de este maestro que no quería serlo...

Tony de Mello se hizo famoso por sus cursos, ejercicios y conferencias sobre **liberación interior**. Toda su obra estuvo dirigida a lograr una síntesis enriquecedora entre la espiritualidad de Oriente y la de Occidente, en beneficio de la libertad y la realización total de la persona. **Despertar** a estas posibilidades era el objetivo de sus antologías de reflexiones y relatos (algunos de los cuales se incluyen en el presente libro) tomados tanto de la tradición cristiana como de la budista y la sufí, sin ocultar nunca su predilección por Jesús.

Entre sus libros, sobresalen *Autoliberación interior, El canto del pájaro, El manantial, Sadhana, ¿Quién puede hacer que amanezca?, La oración de la rana...*

Thomas Merton (T. M.)
Trapense (1915-1968)

Thomas Merton fue un monje trapense de la abadía de Getsemaní, Kentucky, de 1941 a 1968, cuando falleció en Bankok, Tailandia, mientras asistía a un congreso de espiritualidad monacal. Tenía solo cincuenta y dos años.

Merton había nacido en Prades, Francia "en el último día de enero de 1915, en un año de mucha guerra, bajo la sombra de algunos montes franceses linderos con España." Así comienza su autobiografía, *La montaña de los siete círculos*, que vendió 600 mil ejemplares en los primeros años y aún sigue entre los libros de espiritualidad más vendidos.

Asistió por un corto período a la Universidad de San Buenaventura, en Nueva York, y allí descubrió el catolicismo, pero su camino recién comenzaba... En 1941 visitó la abadía cistercience de Getsemaní. Al ver a los monjes silenciosos, vestidos con blancos hábitos y orando arrodillados en la capilla, Merton exclamó: "Éste es el verdadero centro de América."

Merton dedicó los primeros años de su pensamiento creativo al significado de la vida contemplativa y monástica. Pero más adelante se preocupó por establecer conexiones entre el monasterio y el mundo más amplio. Junto con libros de espiritualidad más tradicionales, aparecieron artículos sobre la guerra, el racismo y otros temas actuales. Mucho antes de que estas posiciones se volvieran un lugar común en la Iglesia, fue la voz profética de la paz y la no-violencia.

Paralelamente, su creciente compromiso con el mundo secular y sus problemas se vio acompañado por una creciente atracción por una vida de contemplación aún más total. En el año 1961 se le dio permiso para mudarse a una ermita en el terreno del monasterio. Allí continuó perfeccionando el delicado equilibrio entre la oración contemplativa y la apertura al mundo, que se tornaría el rasgo distintivo de su espiritualidad y eje de muchos de sus últimos —y abundantes— escritos.

ESPIRITUALIDAD

*Espiritualidad es haber hallado
la mina de diamantes
que está en ti.*

DESCUBRIR A DIOS

Espiritualidad es estar despierto. Desprenderse de las ilusiones. Espiritualidad es nunca estar a la merced de acontecimiento, cosa o persona alguna. Espiritualidad es haber hallado la mina de diamantes dentro de ti. La religión se destina a guiarte hacia eso.

"¿De qué vale ganar el mundo y perder el alma?"

Piensa en lo que sientes cuando miras una puesta de sol, o estás en contacto con la naturaleza. Y compara eso con el sentimiento que tienes cuando eres apreciado, aplaudido, elogiado. Al primer tipo de sentimientos, lo llamo sentimientos del alma; al segundo, lo llamo sentimientos del mundo. Piensa en el sentimiento que tienes cuando vences en una carrera o en una discusión, cuando llegas al tope, cuando tienes éxito. ¡Sentimientos del mundo! En comparación con los sentimientos que tienes cuando estás haciendo un trabajo que amas, inmerso en un pasatiempo, leyendo un libro, viendo una película. Sentimientos del alma. Piensa en el tiempo en que tienes poder, cuando eres el jefe, cuando todo el mundo está mirando, y tú estás allá arriba. ¿Qué especie de sentimiento crea eso? ¡Sentimiento mundano! Compara ese sentimiento con la alegría de la intimidad, de la compañía de los amigos. Tú los aprecias sin estar preso de ellos, riendo y divirtiéndote. Sentimientos del alma.

Los sentimientos del mundo no son naturales, fueron inventados por tu sociedad y la mía, para controlarnos. Ellos no conducen a la felicidad, son la excitación, el vacío y la ansiedad. Piensa en tu propia vida. ¿Hay un solo día en que no estés, consciente o inconscientemente, vuelto hacia lo que los otros piensan, sienten o dicen con respecto a ti? Tus pasos están controlados; marchas al son de los tambores. Mira a tu alrededor. Ve si encuentras a alguien que esté liberado de estos sentimientos. ¡Sentimientos del mundo! En todo lugar, encuentras personas en la corriente de los sentimientos del mundo, viviendo vacías. Ganarán el mundo, pero perderán el alma.

Un grupo de turistas está pasando por campos deslumbrantes. Pero las cortinas del tren están cerradas, y ellos no ven nada. Están todos ocupados en decidir quién tendrá el asiento de honor, quién será apreciado, quién es el mejor, quién es el más bonito, el más talentoso. Eso continúa hasta el fin del viaje. Si pudieses entender eso, serías libre, comprenderías lo que es la espiritualidad.

Entonces descubrirás qué es la realidad, quién es Dios, pues te habrás desprendido de una de las mayores ilusiones: la ilusión de que necesitamos ser apreciados, bien vistos, tener éxito, tener prestigio, honra, poder y popularidad. ¡Sólo hay una necesidad! Esa necesidad es amar. Cuando alguien descubre eso, es transformado. Cuando la vida se vuelve oración... cuando la espiritualidad se traslada a nuestros actos.

A. M.

EL TESORO

¿Saben cómo fueron descubiertas las minas sudafricanas? Había un viajante sentado a la puerta de la choza del jefe de la aldea. Vio a los hijos del jefe jugar con cosas que parecían bolitas de vidrio. Tomó una de ellas, la miró y su corazón estalló de alegría. ¡Era un diamante! Y fue a decirle al jefe de la aldea: "Mis hijos también juegan con esas piedras, ellos las llaman bolitas de vidrio. ¿Podría llevarme algunas para casa? Estoy dispuesto a darle tabaco en canje."

El jefe respondió: "Tenemos millones de ellas aquí, sería un robo aceptar su tabaco, pero acepto cualquier cosa que me dé."

El hombre le dio el tabaco, fue a casa, vendió los diamantes, volvió, compró todas aquellas tierras y se volvió el hombre más rico del mundo. El punto central de esta historia es: aquellas personas pisaban un tesoro y no lo sabían. Ésta es otra imagen de la vida. La vida es un banquete del cual la mayoría de las personas se está privando. Nunca descubren el tesoro.

A. M.

EL AYUNO DEL CORAZÓN

Yen Hui, el discípulo favorito de Confucio, apareció para despedirse de su Maestro.

"¿Dónde vas?", preguntó Confucio.

"Voy a Wei."

"¿Y para qué?"

"He oído que el príncipe de Wei es un individuo autoritario, sensual y totalmente egoísta. No se preocupa en absoluto de su gente y se niega a admitir cualquier defecto en su persona. No presta la más mínima atención al hecho de que sus súbditos mueren por doquier. Todo el campo está lleno de cadáveres como heno en un prado. El pueblo está desesperado. Pero yo le he oído decir, Maestro, que se debe abandonar el Estado bien gobernado e ir al que esté sumido en el desorden. A las puertas del médico hay abundantes enfermos. Deseo aprovechar esta oportunidad para poner en práctica lo que he aprendido de usted y ver si puedo lograr alguna mejora de las condiciones de aquel lugar."

"¡Ay! —dijo Confucio—, no te das cuenta de lo que haces. Atraerás el desastre sobre tu cabeza. El Tao no necesita de tus anhelos y sólo lograrás desperdiciar tus energías con tus mal encaminados esfuerzos. Al desperdiciar tus energías, te encontrarás confuso y después ansioso. Una vez que te invada la ansiedad, ya no serás capaz de ayudarte a ti mismo. Los antiguos sabios empezaban por buscar al Tao en ellos mismos, después miraban a ver si encontraban en los demás algo que se correspondiera al Tao, tal como ellos lo conocían. Pero, si tú mismo no tienes el Tao, ¿qué ganas tú desperdiciando el tiempo en vanos esfuerzos por llevar al camino correcto a unos políticos corruptos?... No obstante, supongo que has de tener alguna base para tus esperanzas de éxito. ¿Cómo te propones conseguirlo?"

Yen Hui respondió: "Pretendo presentarme como un hombre humilde y desinteresado, que sólo busca hacer lo que está bien y nada más; un planteamiento sencillo y honesto. ¿Ganaré con esto su confianza?"

"Por supuesto que no —replicó Confucio—. Ese hombre está convencido de que sólo él está en lo cierto. Podrá fingir ante el público que se toma interés en un patrón objetivo de justicia, pero no te dejes engañar por ello. Él no está acostumbrado a que nadie se le oponga. Su método es confirmarse a sí mismo que está en lo cierto pisoteando al resto de la gente. Si esto lo hace con hombres mediocres, con más seguridad aún lo hará con alguien que representa una amenaza para él al afirmar que es un hombre de grandes cualidades. Él se aferrará tozudamente a su método. Podrá fingir que está interesado en tus palabras acerca de lo que es objetivamente bueno, pero en su interior no te oirá y no lograrás cambio alguno. No llegarás a ninguna parte de esta manera."

Yen Hui dijo entonces: "Muy bien. En lugar de oponerme a él directamente, mantendré mis propios valores interiormente, pero exteriormente fingiré ceder. Apelaré a la autoridad de la tradición y a los ejemplos del pasado. Aquel que interiormente se niega a aceptar compromisos es tan hijo del Cielo como cualquier gobernante. No me apoyaré en ninguna enseñanza propia y, por lo tanto, no tendré preocupación alguna sobre si se aprueba mi conducta o no. Finalmente seré aceptado como una persona desinteresada y sincera. Todos llegarán a apreciar mi candor y así seré un instrumento del Cielo en medio de ellos. De esta manera, cediendo obedientemente ante el príncipe como hacen otros hombres, inclinándome, arrodillándome, postrándome como cualquier sirviente debe hacer, seré aceptado como limpio de culpa. Así, otros tendrán confianza en mí y gradualmente empezarán a usarme, viendo que tan sólo deseo hacerme útil y trabajar para el bien de todos. Seré así un instrumento de los hombres. Mientras tanto, todo lo que tenga que decir será expresado en términos de la antigua tradición. Trabajaré con la sagrada tradición de los sabios de la antigüedad. Aunque lo que diga pueda ser objetivamente una condena de la conducta del príncipe, no seré yo el que la pronuncie, sino la propia tradición. De esta forma, seré perfectamente honesto sin ser ofensivo. Así, seré un instrumento de la tradición. ¿Cree usted que es ésta la forma correcta de abordar la cuestión?"

"Desde luego que no —dijo Confucio—. ¡Tienes demasiados planes de acción, mientras que ni siquiera has conocido al príncipe u observado su carácter! En el mejor de los casos, tal vez puedas librarte y salvar tu pellejo, pero no conseguirás cambiar absolutamente nada. Tal vez él se adapte superficialmente a tus palabras, pero no existirá un cambio real en su actitud."

Yen Hui dijo entonces: "Está bien, esto es todo lo que se me ocurre. ¿Querría usted, Maestro, decirme qué sugiere?"

"¡Debes *ayunar*! —dijo Confucio—. ¿Sabes a qué me refiero cuando hablo de ayunar? No es fácil. Pero los caminos fáciles no provienen de Dios."

"¡Oh! —dijo Yen Hui—. ¡Estoy acostumbrado al ayuno! En casa éramos pobres. Pasábamos meses sin ver carne o vino. Eso es ayuno, ¿no es así?"

"Bueno, puedes llamarlo 'observar un ayuno', si quieres —dijo Confucio—, pero no es el ayuno del corazón."

"Dígame —dijo Yen Hui—. ¿Qué es el ayuno del corazón?"

Confucio respondió: "El objetivo del ayuno es la unidad interior. Esto significa oír, pero no con los oídos; oír, pero con con el entendimiento; oír con el espíritu, con todo tu ser. Oír sólo con los oídos es una cosa. Oír con el entendimiento es otra. Pero oír con el espíritu no se ve limitado a una facultad u otra, al oído o a la mente. Por lo tanto, exige el vacío de todas las facultades. Y, cuando las facultades quedan vacías, la totalidad del ser escucha. Se da entonces una captación directa de aquello que está frente a ti y que no puede ser escuchado con el oído o comprendido por la mente. El ayuno del corazón vacía las facultades, te libera de las limitaciones y de las preocupaciones. El ayuno del corazón da a luz la unidad y la libertad."

"Ya veo —dijo Yen Hui—. Lo que obstruía mi camino era mi propia conciencia de mí mismo. Si consigo empezar el ayuno del corazón, esta conciencia de mí mismo desaparecerá. ¡Entonces me veré libre de limitaciones y preocupaciones! ¿Es eso lo que quiere decir?"

"Sí —dijo Confucio—, ¡eso es! Si eres capaz de hacerlo, quedarás capacitado para ir al mundo de los hombres sin afectarlos. No entrarás en conflicto con su propia imagen ideal de sí mismos. Si están dispuestos a escuchar, cántales una canción. Si no, mantente en silencio. No intentes echar abajo sus puertas. No pruebes nuevas medicinas con ellos. Limítate a estar entre ellos, porque no tienes otra misión que ser uno de ellos. ¡Entonces podrás tener éxito!

Es fácil mantenerse quieto y no dejar rastro, pero es difícil andar sin tocar la tierra. Si sigues los métodos humanos, podrás engañar y aun salir bien librado. En el camino del Tao, el engaño es imposible.

Sabes que se puede volar con alas: aún no has aprendido a volar sin ellas. Estás familiarizado con la sabiduría de aquellos que saben, pero aún no conoces la sabiduría de aquellos que no saben.

Observa esta ventana: no es más que un agujero en la pared, pero gracias a ella todo el cuarto está lleno de luz. Así, cuando las facultades están vacías, el corazón se llena de luz. Al estar lleno de luz, se convierte en una influencia por medio de la cual los demás se ven secretamente transformados."

T. M.

EL VELATORIO DE LAO TZU

Lao Tan yacía muerto.
Chin Shih asistió al velatorio.
Lanzó tres alaridos
y se fue a casa.

Uno de los discípulos dijo:
"¿No era usted el amigo del Maestro?"
"Desde luego", respondió.

"¿Entonces le parece suficiente
condolerse tan poco como usted?"

"Al principio —dijo Chin Shih—, pensaba
que era el más grande entre los hombres.
¡Ya no! Cuando vine a condolerme,
encontré viejos lamentándose por él como si fuera su hijo,
hombres jóvenes sollozando como si fuera su madre.
¿Cómo los ató tanto a sí, sino
por medio de palabras que jamás debió decir
y de lágrimas que jamás debió derramar?

Debilitó su verdadero ser,
depositó carga sobre
carga de emociones, incrementó
ese enorme cómputo;
olvidó el regalo que Dios le había confiado:
a esto los antiguos lo llamaban 'el castigo
por descuidar el Verdadero Ser'.

El Maestro vino al mundo en su momento oportuno.
Cuando se consumió su tiempo,
lo abandonó de nuevo.
Aquel que espera su hora, que se somete,
cuando su labor queda concluida,
no tiene lugar en sí
para el dolor o el regocijo.
Así es como los antiguos expresaban esto
en cuatro palabras:
'Dios corta el hilo.'

Hemos visto consumirse
un fuego de ramas. El fuego
arde ahora en algún otro sitio. ¿Dónde?
¿Quién sabe? Estos tizones
están ya consumidos."

T. M.

LOS CINCO ENEMIGOS

Con madera de un árbol de cien años de edad,
construyen vasos para el sacrificio,
cubiertos de diseños verdes y amarillos.
Las astillas cortadas
yacen sin ser utilizables en la cuneta.
Si comparamos los vasos de sacrificio
con la madera de la cuneta,
vemos que difieren en apariencia:
uno es más bello que la otra;
pero aun así son iguales en esto:
ambos han perdido su naturaleza original.
De modo que, si comparamos al ladrón
con el ciudadano respetable,
vemos que uno es, desde luego, más respetable
que el otro;
y aun así coinciden en esto: ambos han perdido
la simplicidad original del hombre.
¿Cómo la perdieron? He aquí las cinco maneras:
El amor a los colores atonta el ojo
y ya no consigue ver correctamente.
El amor a las armonías hechiza el oído
y se pierde el verdadero oído.
El amor a los perfumes
llena la cabeza de vahídos.
El amor a los sabores
arruina el gusto.
Los deseos desazonan el corazón
hasta que la naturaleza original enloquece.

Estos cinco son los enemigos de la verdadera vida.
Y aun así son aquello para lo que "hombres de gran
discernimiento" afirman que viven.
No son aquello para lo que yo vivo:
¡si esto es la vida, entonces, los palomos enjaulados
han encontrado la felicidad!

T. M.

CUANDO LA VIDA ERA PLENA, NO HABÍA HISTORIA

En la era en que la vida sobre la Tierra era plena, nadie prestaba particular atención a los hombres valiosos, ni señalaba al hombre de habilidad. Los gobernantes eran simplemente las ramas más altas del árbol, y el pueblo era como los ciervos en los bosques. Eran honestos y justos, sin darse cuenta de que estaban "cumpliendo con su deber". Se amaban los unos a los otros, y no sabían que esto significaba "amar al prójimo". No engañaban a nadie y aun así no sabían que eran hombres de "fiar". Eran íntegros y no sabían que aquello era "buena fe". Vivían juntos libremente, dando y tomando, y no sabían que eran "generosos". Por esta razón, sus hechos no han sido narrados. No hicieron historia.

T. M.

DOS REYES Y SIN-FORMA

El Rey del Mar del Sur era Actúa-según-tu-intuición.
El Rey del Mar del Norte era Actúa-como-el-rayo.
El Rey del lugar que había en medio era
Sin-Forma.

Ahora bien, el Rey del Mar del Sur
y el Rey del Mar del Norte
solían ir juntos, a menudo,
a las tierras de Sin-Forma:
los trataba muy bien.

De modo que consultaron entre sí
y pensaron en algo bueno,
en una agradable sorpresa para Sin-Forma,
como prueba de aprecio.

"Los hombres —dijeron— tienen siete aberturas
para ver, oír, comer, respirar
y demás. Pero Sin-Forma
no tiene abertura alguna. Hagámosle
unos cuantos agujeros."
De modo que, sin pensarlo dos veces,
hicieron agujeros a Sin-Forma,
uno por día, durante siete días.
Y, cuando terminaron el séptimo agujero,
su amigo yacía muerto.

Lao Tan dijo: "Organizar es destruir."

T. M.

21

EL GRAN CONOCIMIENTO

El gran conocimiento lo ve todo en uno.
El poco conocimiento se deshace en la multiplicidad.

Cuando el cuerpo duerme, el alma está envuelta
*   en Uno.*
Cuando el cuerpo despierta, las aberturas empiezan
*   a funcionar.*
Resuenan con cada encuentro,
con todas las diversas labores de la vida, los anhelos
*   del corazón;*
los hombres quedan bloqueados, perplejos,
*   perdidos en sus dudas.*
Pequeños miedos corroen su paz de espíritu.
Los grandes miedos los devoran por completo.
Flechas disparadas contra un blanco: acierto o fallo,
*   bien o mal.*
Eso es a lo que los hombres llaman juicio, decisión.
Sus pronunciamientos son tan definitivos
como los tratados entre emperadores.
¡Oh, dejan claro su punto de vista!
Pero sus argumentos caen cada vez más rápida
*   y débilmente*
que las hojas muertas en otoño e invierno.
Sus palabras fluyen como la orina,
para jamás ser recuperadas.
Finalmente quedan bloqueados, amarrados
*   y amordazados.*
Taponados como viejas tuberías de desagüe.

La mente falla. Ya no volverá a ver la luz.

El placer y la ira,
la tristeza y la alegría,
las esperanzas y los arrepentimientos,
el cambio y la estabilidad,
la debilidad y la decisión,
la impaciencia y la haraganería:
son todos sonidos de la misma flauta,
todos hongos del mismo moho húmedo.
¡El día y la noche se persiguen y caen sobre nosotros
sin que veamos cómo brotan!

¡Suficiente! ¡Suficiente!
¡Tarde o temprano nos encontramos con "aquello"
de lo que todos "éstos" crecen!

Si no hubiera un "aquello",
no habría un "esto".
Si no hubiera un "esto",
no habría instrumento para que tocaran todos estos
        vientos.
Hasta aquí podemos llegar.
Pero ¿cómo podemos comprender
qué es lo que lo produce?

Uno podría perfectamente suponer que el Verdadero
        Gobernante
está detrás de todo esto. Que opere un Poder tal es algo que
puedo creer. No puedo ver su forma.
Él actúa, pero no tiene forma.

T. M.

TRANSFORMACIÓN

Silencio, soledad, descanso, espera son las sendas hacia esa profundidad, quietud y fortaleza que llamamos "alma".

SILENCIO INTERIOR

A poco que uno haya tratado con personas de oración y a poco que uno mismo haya hecho una zambullida intros- pectiva en sus aguas interiores, al instante advertirá que el primer obstáculo para sumergirse en el mar de Dios son las olas de su- perficie, es decir: el nerviosismo, la agitación y la dispersión ge- neral.

Para ser verdaderos adoradores en espíritu y verdad, necesita- mos, como condición previa, el control, la calma y el silencio in- terior.

• • •

En lo alto de la montaña, Jesús había dicho que para adorar y contemplar al Dios vivo, no se necesitan grandes voces ni abun- dante palabrería. Hace crear el silencio interior. Hay que entrar en el recinto más secreto, desentenderse de los ruidos, establecer el contacto con el Padre y luego, simplemente, "quedarse" con Él (Mt 6, 6).

Si la oración es un encuentro, y el encuentro es la convergen- cia de dos interioridades, para que exista tal convergencia es in- dispensable que las dos personas salgan previamente de sus interioridades y se proyecten en un punto, en un momento determinado. Sin embargo, la salida del hombre para su encuentro con Dios no es, paradójicamente, una salida sino una entrada; es decir, un avanzar en círculos concéntricos hacia el centro de sí mismo para "alcanzar" a Aquel que es *interior intimo meo*, más entrañable que mi propia intimidad (san Agustín). Entonces, y "allí", se da el encuentro.

Hay que comenzar por calmar las olas, silenciar los ruidos, sentirse dueño y dominador, ser "señor" de la productividad interior, controlar y dejar en quietud todos los movimientos, sin permitir que los recuerdos y las distracciones lo lleven de un lado a otro. Este es el "aposento interior" (Mt 6, 6) en "donde" es encesario entrar para que se dé el verdadero encuentro con el Señor.

Jesús añade: "Cierra las puertas" (Mt 6, 6). Cerrar las puertas y ventanas de madera es fácil. Pero aquí se trata de unas ventanas mucho más imprecisas y sutiles, sobre las cuales no tenemos dominio directo.

El cristiano no tiene dificultad en desentenderse del mundo exterior. Le basta subir a un cerro, internarse en un bosque o entrar en una capilla solitaria y, con eso, ya se siente instalado en un entorno recogido. Pero lo difícil, imprescindible y urgente es otra cosa: desligarse (y desligándose, dominarla) de esa horda compacta y turbulenta de recuerdos, distracciones, preocupaciones e inquietudes que asaltan y destrozan la unidad y deguellan el silencio interior.

Los maestros espirituales nos hablan constantemente de las dificultades casi invencibles que tuvieron que soportar durante largos años para conseguir esa "soledad sonora", atmósfera indispensable para la "cena que recrea y enamora".

Dispersión y distracción

Este es el problema de los problemas para quien quiere internarse en la intimidad con Dios: la dispersión. Si conseguimos atravesar este verdadero "rubicón" sin ahogarnos, ya estamos metidos en el recinto sagrado de la oración.

¿En qué consiste la dispersión·interior?

Venimos de la vida trayendo una enorme carga de esperanzas y desconsuelos. Nos sentimos íntimamente avasallados por tanto peso. Las preocupaciones nos dominan. Las ansiedades nos desasosiegan. Las frustraciones nos amargan. Hay por delante proyectos ambiciosos que turban la quietud. Llevamos sentimientos, resentimientos vivamente fijados en el alma. Ahora bien, esta enorme carga vital acaba lentamente por destrozar y desintegrar la unidad interior del hombre.

Vamos a la oración, y la cabeza es un verdadero manicomio. Dios queda ahogado en medio de un ruido infernal de preocupaciones, ansiedades, recuerdos y proyectos. El hombre debe ser unidad, como Dios es unidad, ya que el encuentro es la convergencia de dos unidades. Pero en la dispersión el hombre se "percibe" como un amasijo incoherente de "trozos" de sí mismo que tiran de él en una y otra dirección: recuerdos por aquí, miedos por allá, anhelos por este lado, planes por el otro. Total, es un ser enteramente dividido, y por consiguiente dominado y vencido, incapaz de ser señor de sí mismo.

Además el hombre es una red compeljísima de motivaciones, impulsos, instintos que hunden sus raíces en el subconsciente irracional. El consciente es una pequeña luz en medio de una gran oscuridad, una pequeña isla en medio del océano.

En la complejidad de su mundo, el hombre (como conciencia libre) se siente golpeado, zarandeado, amenazado por un escuadrón de motivos e impulsos afectivos, que provienen desde regiones ignotas de uno mismo, sin enterarnos nunca por qué, cómo y dónde han nacido.

"Orar supone un pensamiento puro, un dominio de la mente, que el que ora trata de sustraer a las impresiones exteriores así como el oleaje del subconsciente, para fijarla, centrarla en un punto, donde se establece el contacto con el Señor de la paz y del silencio.

Por definición, la actividad mental es algo que bulle, que se mueva a través del campo del recuerdo, del conocimiento, para realizar sus asociaciones de ideas de donde brota el pensamiento para deducir e inducir.

Es un peregrino que siempre está en trance de hacerse errante, de desviarse, de olvidar el fin, de perderse entre los matorrales de las representaciones confusas y desordenadas. Aun al cabo de sus investigaciones, la mente sigue agitada. A la menor invitación, vuelve a caminar vagabunda."[1]

La distracción tiene las mismas características que la dispersión, y ambas palabras encierran un significado casi idéntico.

La mente humana, por su naturaleza dinámica, está en perpetuo movimiento cuando dormimos y sobre todo cuando estamos en vigilia. La mente, cabalgando sobre la asociación de imágenes, va brincando de recuerdo en recuerdo como inquieta mariposa. A veces, la lógica nos lleva sobre los eslabones de una cadena razonada. Otras veces no existe lógica alguna, ni patente ni latente; y la mente da saltos acrobáticos sin tino ni sentido; y de repente nos sorprendemos a nosotros mismos pensando en los más locos disparates.

Otras veces, aunque la mente se dispare en direcciones aparentemente descontroladas, no obstante subyace una lógica latente o inconsciente.

---

[1] Dechanet, *El camino del silencio*, Desclée de Brau, Bilbao.

En todo caso, la mente danza en un perpetuo movimiento, pisando todas las latitudes.

Orar significa retener la atención, y mantenerla centrada y fija en un Tú.

El cristiano, cuanto más se ejercite en las prácticas de control mental, está facilitando directamente la capacidad concentradora de su mente en Dios. Las distracciones, eterna pesadilla de los orantes, irán desapareciendo en la·medida en que, con paciencia y perseverancia, se ejercite el cristiano.

"Dios no está en el barullo", dice la Biblia (2 Re 19-11). Diré más exactamente: A Dios no se lo encuentra en el barullo. Este barullo puede ser externo; éste no tiene importancia. Cualquiera puede tener un gran momento con Dios en la agitación de un aeropuerto o en un hervor de una calle. Pero es el barullo interior el que pone en jaque el silencio.

Cuando decimos silencio interior, queremos indicar la capacidad de lograr el vacío interior, con el consiguiente señorío, de tal manera que uno sea sujeto y no objeto, capaz de centrar todas las fuerzas atencionales en el Objeto, que es Dios, en completa quietud. Y el barullo interior es el que impide el silencio.

Esta dificultad, a veces imposibilidad, de lograr la unidad y el silencio conlleva consecuencias trágicas para muchos de los que han sido llamados a una alta unión. No se les ha enseñado o no han tenido la paciencia para ejercitarse en las prácticas del dominio mental.

En consecuencia no consiguieron esa "soledad sonora", recipiente del misterio. Nunca llegaron a un cruce e integración de los dos misterios, el de Dios con el mío. Jamás llegaron a experimentar "cuán suave es el Señor" (Sal 33; 85; 99; 144). Y siénten en su intimidad una extraña frustración que no aciertan a explicarse ni siquiera a sí mismos. Pero la explicación es ésta: una loca dispersión interior arrolló y degolló todas las buenas intenciones y todos los esfuerzos, y ellos quedaron al margen de una fuerte experiencia de Dios.

Y entonces toman diferentes direcciones: unos abandonan completamente la vida con Dios, con serias repercusiones para su estabilidad psíquica y para el problema elemental del sentido de su vida. Otros tranquilizan, no su conciencia, sino su fuerte aspiración, haciendo un poco de oración litúrgica o comunitaria (como si a un hambriento le diéramos unas migajas de pan). Otros se lanzan en brazos de una actividad desenfrenada, gritando a todos los vientos que el apostolado es oración.

Yo me he encontrado con hermanos a quienes sólo la palabra oración les da alergia: sienten por ella, y expresan, una viva e indisimulada antipatía. Y siempre están listos para disparar contra la oración flechas envenenadas: alienación, evasión, sentimentalismo, tiempo perdido, infantilismo y otras palabras. Yo los comprendo. Ellos han intentado miles de veces ese encuentro, y siempre han naufragado en las correntosas aguas de la dispersión interior. La palabra *oración* va asociada, para ellos, a una doliente y larga frustración.

• • •

Aquí tenemos, pues, al hombre atrapado entre las redes de su fantasía, sin poder controlarse, concentrarse y orar. ¿Qué hacer?

Los místicos cristianos tuvieron altas experiencias espirituales que nos transmitieron en forma de reflexiones teológicas. Pero ellos no nos hablan —ni sabemos si se ejercitaron— de los medios prácticos para superar la dispersión y conseguir ese silencio interior, indispensable condición previa para vivir la unión transformante con Dios.

Ellos vivieron en una sociedad tranquila de fe o, quizá, en eremitorios o monasterios solitarios, lejos de las tormentas del mundo. Nosotros, en cambio, vivimos en una sociedad acosada por el vértigo, el ruido y la velocidad. Si no tomamos precauciones, no sólo será frustrada nuestra llamada a la unión con el Señor sino que fracasaremos en el destino más primitivo y fundamental del hombre: ser unidad, interioridad, persona.

No me cansaré de repetir: Los que sienten que Dios vale la pena (y, en fin de cuentas, *sólo Él* vale la pena y, sin Él, nada tiene sentido), los que desean tomar en serio el camino que conduce a la experiencia transformante con el Padre, harán bien en ejercitarse frecuentemente en las diferentes prácticas que van a continuación. Además, sin éstas o parecidas prácticas no habrá, normalmente, progreso en la oración.

• • •

Ejercicios para calmarse

Entrego unos medios, simples y fáciles, que cualquier principante puede practicar por sí mismo, sin necesidad de guía y con resultados positivos.

1. Todos los ejercicios deben hacerse lentamente y con gran tranquilidad. No me cansaré de repetirlo. Cuando no se consigue el fruto normal, generalmente es porque falta serenidad.

2. Pueden hacerse con los ojos cerrados o abiertos. Si se hace el ejercicio con los ojos abiertos, conviene tenerlos fijos (no rígida sino relajadamente) en un punto fijo, sea en la lejanía o en la proximidad. A cualquier parte que mire, lo importante es "mirar hacia adentro".

3. La inmovilidad física ayuda a la inmovilidad mental y a la concentración.

Es muy importante que durante todo el ejercicio se reduzca la actividad mental al mínimo posible.

4. Si en el transcurso de un ejercicio comienzas a agitarte, lo que al principio sucede con frecuencia, déjalo por el momento. Cálmate por un instante y vuelve a comenzar. Si alguna vez la agitación es muy fuerte, levántate y abandona todo por hoy. Evita en todo momento la violencia interior.

5. Ten presente que en un principio los resultados serán exiguos. No te desalientes. Recuerda que todos los primeros pasos, en cualquier actividad humana, son dificultosos. Necesitas paciencia para aceptar que el avance sea lento, y mucha constancia.

Los resultados suelen ser muy dispares. Habrá días en que consigas con facilidad el resultado esperado. Otras veces todo te será difícil. Acepta con paz esta disparidad y persevera.

6. Casi todos estos ejercicios producen sueño, cuando se consigue el relajamiento. Es conveniente practicarlos en las horas más desveladas.

I. L.

LA TORRE DEL ESPÍRITU

El espíritu tiene una torre inexpugnable
a la cual no puede alterar peligro alguno,
siempre y cuando la torre esté guardada
por el invisible Protector
que actúa inconscientemente, y cuyos actos
se desvían cuando se hacen deliberados,
reflexivos e intencionales.

La inconsciencia
y la total sinceridad del Tao
se ven alteradas por cualquier esfuerzo
de demostración de autoconciencia.
Todas esas demostraciones
son mentiras.

Cuando uno se exhibe
de tan ambigua manera,
el mundo exterior entra en tromba
y lo aprisiona.

Ya no está protegido
por la sinceridad del Tao.

Cada nuevo acto
es un nuevo fracaso.
Si sus actos son realizados en público,
a plena luz del día,
será castigado por los hombres;

si son realizados en privado
y en secreto,
serán castigados
por los espíritus.

¡Que cada cual comprenda
el significado de la sinceridad
y se guarde de exhibirse!

Ése estará en paz
con los hombres y los espíritus,
y actuará correctamente, sin ser visto,
en su propia soledad,
en la torre de su espíritu.

T. M.

EL DISCÍPULO DE KENG

Un discípulo se quejó a Keng:
"Los ojos de todos los hombres parecen iguales,
yo no detecto en ellos diferencia alguna;
y aun así algunos hombres son ciegos;
sus ojos no ven.
Los oídos de todos los hombres parecen ser
     iguales,
yo no detecto en ellos diferencia alguna;
y aun así algunos hombres son sordos;
sus oídos no oyen.
Las mentes de los hombres tienen la misma
     naturaleza.
No detecto diferencia alguna entre ellas;
pero los locos no pueden hacer suya
la mente de otro hombre.
Heme aquí, aparentemente como los demás
     discípulos,
pero hay una diferencia:
ellos captan el significado de lo que usted dice
     y lo ponen en práctica;
yo no puedo.
Usted me dice: 'Mantén tu ser seguro
     y en calma.
Mantén tu vida reunida en su propio centro.
No permitas que tus pensamientos
sean alterados.'
Pero, por mucho que lo intente,
el Tao no es más que una palabra para mis oídos.

No hace resonar ninguna campana
    en mi interior."

Keng San replicó: "No tengo nada más
    que decir.
Los gallos no empollan huevos de ganso,
aunque las aves de Lu sí pueden.
No es tanto una diferencia de naturaleza
como una diferencia de capacidad.
Mi capacidad es demasiado escasa
como para transformarte.
¿Por qué no vas al sur
a ver a Lao Tzu?"

El discípulo tomó algunas provisiones,
viajó durante siete días y siete noches
    solo,
y llegó ante Lao Tzu.
Lao le preguntó: "¿Vienes de parte de Keng?"
"Sí", replicó el estudiante.
"¿Quiénes son todas esas personas que
    has traído contigo?"
El discípulo se volvió rápidamente para mirar.
No había nadie. ¡Pánico!
Lao dijo: "¿No comprendes?"
El discípulo agachó la cabeza. ¡Confusión!
Después un suspiro. "Ay de mí, he olvidado
    mi respuesta."
(¡Más confusión!) "También he olvidado
    mi pregunta."
Lao dijo: "¿Qué estás intentando decir?"

El discípulo: "Cuando no sé, la gente me trata
*   como a un tonto.*
Cuando sé, el conocimiento me causa
*   problemas.*
Cuando no logro hacer el bien, hago daño
*   a otros.*
Cuando lo hago, me daño a mí mismo.
Si esquivo mis deberes, soy un negligente;
pero, si los cumplo, me arruino.
¿Cómo puedo escapar de estas contradicciones?
Eso es lo que vine a preguntarle."

Lao Tzu replicó:
"Hace un momento,
observé tus ojos.
Vi que estabas agobiado
por las contradicciones. Tus palabras
confirman esto.
Tienes un miedo mortal,
como un niño que ha perdido
a su padre y a su madre.
Estás intentando sondear
el centro del océano
con una pértiga de dos metros.
Te has perdido, e intentas
encontrar el camino de vuelta
a tu verdadero ser.
No encuentras más
que señales ilegibles
que indican todas las direcciones.
Siento pena por ti."

El discípulo solicitó ser admitido.
Tomó una celda y en ella
meditó,
intentando cultivar cualidades
que consideraba deseables,
y librarse de otras
que le desagradaban.
¡Diez días así!
¡Desesperación!

"¡Miserable! —dijo Lao—.
¡Totalmente bloqueado!
¡Hecho un nudo! ¡Intenta
    desatarte!
Si tus obstáculos
están en el exterior,
no intentes agarrarlos de uno en uno
y arrojarlos lejos de ti.
¡Imposible! Aprende
    a ignorarlos.
Si están en ti mismo,
no puedes destruirlos gradualmente,
pero puedes negarte
a dejar que te hagan efecto.
Si están tanto dentro como fuera,
no intentes aferrarte al Tao.
¡Limítate a tener esperanza en que el Tao
te mantenga sujeto!"

El discípulo gimió:
"Cuando un granjero se pone enfermo

y los otros granjeros vienen a verlo,
si puede al menos decirles
qué es lo que pasa,
su enfermedad no es grave.
Pero yo, en mi búsqueda del Tao,
soy como un hombre enfermo que toma
        medicinas
que le hacen sentirse diez veces peor.
¡Dígame tan sólo
los primeros elementos,
así quedaré satisfecho!"

Lao Tzu replicó:
"¿Puedes abrazarte al Uno
y no perderlo?
¿Puedes predecir cosas buenas y malas
sin la concha de la tortuga
o los palillos?
¿Puedes descansar donde hay descanso?
¿Sabes cuándo detenerte?
¿Eres capaz de ocuparte de tus asuntos
sin preocupaciones, sin desear informes
acerca del progreso de los demás?
¿Eres capaz de mantenerte sobre tus propios pies?
¿Puedes esquivar?
¿Puedes ser como un niño
que llora todo el día
sin quedarse afónico,
o que crispa el puño todo el día
sin que le duela la mano,
o que mira todo el día

sin que se le canse la vista?
¿Quieres los primeros elementos?
El niño los posee.
Libre de preocupaciones, inconsciente
    de sí mismo,
actúa sin reflexión.
Se queda donde lo ponen, no sabe por qué,
no se explica las cosas,
se limita a dejarse llevar,
es parte de la corriente.
¡Éstos son los primeros elementos!"

El discípulo preguntó:
"¿Es esto la perfección?"

Lao replicó: "En absoluto.
No es más que el principio.
Esto es lo que rompe el hielo.
Esto te capacita
para desaprender,
de forma que puedas ser guiado por el Tao,
ser un niño del Tao.
Si persistes en intentar
alcanzar lo que jamás se alcanza
(es el regalo del Tao);
si insistes en esforzarte
por obtener lo que ningún esfuerzo
    puede lograr;
si insistes en razonar
acerca de lo que no puede ser comprendido,
serás destruido

por aquello que buscas.
Saber cuándo detenerse,
saber cuándo no puedes llegar más allá
por tus propios medios,
¡ésta es la forma correcta de empezar!"

T. M.

LA NECESIDAD DE VENCER

Cuando un arquero dispara porque sí,
está en posesión de toda su habilidad.
Si está disparando por ganar una hebilla de bronce,
ya está nervioso.
Si el premio es de oro,
se ciega
o ve dos blancos…
¡Ha perdido la cabeza!

Su habilidad no ha variado. Pero el premio
lo divide. Está preocupado.
Piensa más en vencer
que en disparar…
Y la necesidad de ganar
le quita poder.

T. M.

EL CORAZÓN HUMANO

Cierto día, Dios estaba cansado de las personas. Ellas estaban siempre molestándolo, pidiéndole cosas.

Entonces dijo: "Voy a irme y a esconderme por un tiempo."

Entonces reunió a sus consejeros y dijo:

"¿Dónde debo esconderme?"

Algunos dijeron: "Escóndase en la cima de la montaña más alta de la Tierra."

Otros: "No, escóndase en el fondo del mar. No van a hallarlo nunca allí."

Otros: "No, escóndase en el otro lado de la Luna; ése es el mejor lugar. ¿Cómo lo hallarían allí?"

Entonces Dios se volvió hacia el más inteligente de sus ángeles y le inquirió: "¿Dónde me aconsejas que me esconda?"

El ángel inteligente, sonriendo, respondió: "¡Escóndase en el corazón humano! ¡Es el único lugar adonde ellos no van nunca!"

A. M.

PAZ

*Siendo uno con Dios, nos invadirá
su alegría cuando sintamos
la necesidad de esa unión*

POR EL ABANDONO,
A LA PAZ

Al entrar, o al querer entrar, en la intimidad transformante con el Señor, el cristiano comienza a percibir la existencia de ciertas interferencias en su esfera interior, que interrumpen la marcha de la atención afectiva hacia Dios. Ahora se da cuenta de que no le es posible "quedarse", en fe y paz, con el Señor. ¿Por qué precisamente ahora?

El hombre, en su actividad diaria, normalmente anda alienado, es decir, salido de sí mismo. Consciente o inconscientemente es un fugitivo de sí mismo, evadiendo el enfrentamiento de su propio misterio.

Pero al entrar en profundidad con Dios, entra también en sus propios niveles más profundos, y toca necesariamente su misterio que se condensa en estas preguntas: ¿Quién soy? ¿Cuál es el proyecto fundamental de mi vida? ¿Cuáles son los compromisos que mantienen en pie ese proyecto?

Entonces, al confrontarse con el Dios de la paz y al quedar interiormente iluminado por el Rostro del Señor, el cristiano constata que su subsuelo se agita como cuando se presiente un temblor de tierra: siente que allá abajo se acumuló mucha energía agresiva. Y, como consecuencia, se experimenta a sí mismo como un acorde desabrido, como si en el templo de la paz alguien gritara: ¡Guerra!

Se da cuenta de que el egoísmo ha desencadenado en su interior un estado general de guerra. Llamas altas y vivas de resentimientos se respiran por doquier en contra de sí mismo principalmente, en contra de los hermanos, en contra del misterio general de la vida, e, indirectamente (en inconsciente transferido), en contra de Dios. Cuanto más abre los ojos de la sensibilidad y se asoma analíticamente a sus mundos más recónditos, el hombre se encuentra, no sin cierta sorpresa, con un estado general lamentable: tristezas depresivas, melancolías, bloqueos emocionales, frustraciones, antipatías alimentadas, inseguridades, agresividad de todo tipo... Esa persona se parece, por dentro, a un castillo amenazado y amenazador: murallas y antemurallas defensivas, trincheras de escondite o de defensa, fosos de separación, enemistades, resistencias de toda clase...

El cristiano advierte que con semejante turbulencia interior no le será posible establecer una corriente de intimidad pacífica y armónica con el Dios de la paz. En consecuencia, siente vivos deseos de purificación, y percibe claramente que tal purificación sólo puede llegarle por la vía de una completa reconciliación.

Siente necesidad y deseo de apagar las llamas, cubrir los fosos, silenciar las guerras, sanar las heridas, asumir historias dolientes, aceptar rasgos negativos de personalidad, perdonarse a sí mismo, perdonar a los hermanos, abandonar todas las resistencias. En una palabra: reconciliación general. Y como fruto de eso, la paz.

Génesis de las frustraciones

Sin pretenderlo ni tomar la iniciativa, el hombre se encuentra a sí mismo ahí en la vida, como una conciencia que, de pronto, despierta por primera vez y se encuentra en un mundo que nunca conoció anteriormente. El hombre no buscó la existencia. Fue empujado a este campo y se encuentra consigo mismo, ahí.

Al despertar a la existencia, el hombre toma conciencia de ser él mismo. Mira a su derredor y observa que también existen otras realidades que no son él. Y, aun sin salir de la esfera de su conciencia, se encuentra con elementos constitutivos de su ser, como morfología, carácter, popularidad...

En este momento el hombre comienza a *relacionarse con los demás, con lo otro*. Al establecer las relaciones, aparece en seguida y entra en juego el primer motivo de la conducta humana: el principio de placer. El hombre encuentra realidades (dentro de sí o fuera de sí) que le gustan: le causan una sensación agradable. Encuentra también otras realidades que no le gustan: le causan desagrado.

Ante este panorama, el hombre establece dos clases de relaciones. En primer lugar, para con las realidades agradables, le nace espontáneamente el deseo, la adherencia o la apropiación, según los casos. Con otras palabras: lo que le causa placer lo conceptúa como *bien*, se lo apropia emocionalmente, y establece con ello un enlace posesivo.

Cuando el bien que ya posee, o intenta apropiarse, es amenazado (existe el peligro de perderlo), entonces nace el temor; el sujeto se turba, esto es, libera una determinada cantidad de energía defensiva para retener aquella realidad agradable que se le escapa.

En segundo lugar, ante las realidades, de cualquier nivel, que no le causan agrado sino desagrado, el sujeto resiste: es decir, libera y envía una descarga emocional para agredirlas y destruirlas.

Según esto, tendríamos tres clases de relación: adherencia posesiva, resistencia y temor. Las tres, sin embargo, están íntimamente condicionadas.

Los "enemigos" del hombre

Todo lo que el hombre resiste se le transforma en "enemigo", y también todo lo que teme, porque el temor es, de alguna manera, resistencia.

El hombre teme y resiste una serie de enemigos, por ejemplo: la enfermedad, el fracaso, el desprestigio... y engloba en esta resistencia a las personas que concurren y colaboran con tales "enemigos". En consecuencia, un hombre puede comenzar a vivir universalmente sombrío, temeroso, suspicaz, agresivo...: se siente rodeado de enemigos porque todo lo que resiste se le declara enemigo. En el fondo, esta situación significa que esa persona está llena de adherencias y apropiaciones. Ahora bien, para entrar a fondo en Dios, el hombre tiene que ser pobre y puro.

La resistencia emocional, por su propia naturaleza, tiene por finalidad anular al enemigo, una vez que la emoción es concreta en hechos. Ahora bien, ciertamente existen realidades que, resistidas estratégicamente, son neutralizadas parcial o totalmente; así, por ejemplo, la enfermedad, la ignorancia...

Sin embargo, una buena parte de las realidades que al hombre le causan disgusto y las resiste, no tienen solución; por su naturaleza son indestructibles. Es lo que, en lenguaje común, llamamos un imposible, o un hecho consumado, en el que no cabe hacer nada.

Si unos males tienen solución y otros no, delante de los ojos se nos abren dos caminos de conducta: el de la locura y el de la sabiduría.

Es locura resistir mentalmente o de otra manera las realidades que, por su propia naturaleza, son completamente inalterables. Mirando con la cabeza fría, el hombre descubre que gran parte de las cosas que lo disgustan, lo entristecen o lo averguenzan no tienen absolutamente ninguna solución, o la solución no está en sus manos. ¿Para qué lamentarse? En este momento nadie puede hacer nada para que lo que ya sucedió no hubiera sucedido.

La sabiduría consiste en discernir lo que puedo cambiar de lo que no puedo, y en poner los reactores al máximo rendimiento para alterar lo que todavía es posible, y en abandonarse, en fe y en paz, en las manos del Señor cuando aparecen las fronteras infranqueables.

Experiencia del amor oblativo

La experiencia de Dios contiene diferentes facetas. Una cosa es la experiencia del Amor del Padre. En este caso, la persona se siente de improviso inundada de una Presencia inequívocamente paterna, con sabor a ternura. Se trata de una impresión profundamente libertadora, en la que el hijo amado siente un ímpetu irresistible de salirse de sí mismo para tratar a todos como el Padre lo trata a él. Me parece que esta experiencia es, siempre, un don, una gratuidad infusa, sobre todo cuando viene revestida de ciertas características como sorpresa, desaproporción, viveza y fuerza liberadora. Es decir, cuando no es el resultado normal de una adquisición lenta y evolutiva, sino una irrupción sorprendente.

Existe también la experiencia de la intimidad contemplativa; ella tiene características específicas y frecuentemente se reviste de vestidura emotiva.

Existe también la experiencia del amor oblativo, del cual hablaremos ahora. Digo oblativo y no emotivo. A nadie le gusta fracasar, o que le derriben al suelo la estatua de su popularidad. A nadie le causa emoción el ser destituido del cargo, ser pasto de maledicencia o víctima de la incomprensión.

Pero éstas y otras eventualidades podemos asumirlas no con agrado emocional, sino con paz y con sentido oblativo, como quien abandona en las manos del Padre una ofrenda doliente y fragante...

Es un amor puro (oblativo) porque no existe en él compensación de satisfacción sensible. Además, es un amor puro porque se efectúa en la fe oscura: el cristiano, remontándose por encima de las apariencias visibles de la injusticia, contempla la presencia de la voluntad del Padre, permitiendo esta prueba.

I. L.

ACONSEJANDO AL PRÍNCIPE

El ermitaño Hsu Su Kwei había ido a ver al
    Príncipe Wu.
El Príncipe se alegró. "He estado deseando
    verte —dijo—
durante mucho tiempo.
Dime si estoy en lo correcto.
Quiero amar a mi pueblo y, a través del ejercicio
    de la justicia,
poner fin a la guerra.

¿Es esto suficiente?"
"Ni mucho menos —dijo el ermitaño—.
Su 'amor' hacia su pueblo
lo pone en un peligro mortal.
¡Su ejercicio de la justicia es la raíz
de una guerra tras otra!
¡Sus grandes intenciones
acabarán en el desastre!

Si se propone 'lograr algo grande',
sólo se está engañando a sí mismo.
Su amor y su justicia
son fraudulentos.
Son meros pretextos
para su autoafirmación, para la agresión.
Una acción traerá consigo otra
y, en la cadena de los acontecimientos,
sus ocultas intenciones
quedarán al descubierto.

Usted afirma practicar la justicia. En el caso
    de que aparentemente tenga éxito,
ese éxito será portador de nuevos conflictos.
¿Por qué todos estos guardias
vigilan
las puertas de palacio, alrededor del altar
    del templo,
por todas partes?

¡Está usted en guerra consigo mismo!
Usted no cree en la justicia,
sólo en el poder y el éxito.
Si derrota
a un enemigo, si se anexiona su país,
quedará aún menos en paz
con usted mismo de lo que está ahora.
Tampoco le permitirán sus pasiones
quedarse quieto. ¡Luchará
continuamente por
un más perfecto ejercicio de la 'justicia'!

Abandone su plan
de ser un 'amante y equitativo gobernante'.
Intente responder
a las exigencias de la verdad interior.
¡Deje de humillarse a sí mismo y a su pueblo
con estas obsesiones!

Su pueblo respirará al fin tranquilo.
¡Vivirá,
y la guerra terminará por sí misma!"

                                        T. M.

DOS MONJES

Había dos monjes que vivieron juntos durante cuarenta años y nunca discutieron. Ni siquiera una vez.

Un día, uno le dijo al otro: "¿A usted no le parece que es hora de que discutamos por lo menos una vez?"

El otro monje dijo: "¡Está bien, comencemos! ¿Sobre qué discutiremos?"

"¿Que le parece este pan?", respondió el primer monje.

"Está bien, vamos a discutir sobre el pan. ¿Cómo haremos!", preguntó el otro monje.

Contestó el primero: "Ese pan es mío, me pertenece."

El otro replicó: "Si es así, tómelo."

A. M.

EL SECRETO

Hay una excelente historia sobre un hombre que estaba siempre importunando a Dios con toda clase de pedidos. Un día, Dios lo miró y le dijo: "Ya estoy harto; tres pedidos y no más. Tres peticiones y, después de darte eso, no te daré nada más. ¡Di tus tres deseos!"

El hombre quedó encantado y preguntó: "¿Puedo pedir cualquier cosa?"

Y Dios dijo: "¡Sí! ¡Tres pedidos y nada más!"

Y el hombre habló: "El Señor sabe, tengo vergüenza de hablar, pero me gustaría librarme de mi mujer, porque es una aburrida y siempre está... el Señor sabe. ¡Es insoportable! No logro vivir con ella. ¿Podría librarme de ella?"

"Está bien —dijo Dios—, tu deseo será satisfecho." Y la mujer murió.

El hombre se sentía culpable por el alivio que sentía, pero estaba feliz y aliviado, y pensó: "Voy a casarme con una mujer más atractiva." Cuando los parientes y amigos fueron al funeral y comenzaron a rezar por la difunta, el hombre volvió de pronto en sí y exclamó: "Mi Dios, yo tenía esta mujer encantadora, y no la apreciaba cuando estaba viva." Entonces se sintió muy mal, fue corriendo al encuentro de Dios y le pidió: "Tráigala de vuelta a la vida, Señor."

Dios respondió: "Está bien, segundo deseo concedido."

Ahora le quedaba sólo un deseo. Pensó: "¿Qué debo pedir?" Y fue a consultar a los amigos. Algunos dijeron: "Pide dinero; si tienes dinero, puedes tener lo que quieras."

Otros: "¿De qué te servirá el dinero si no tienes salud?"

Otro amigo dijo: "¿De qué te servirá la salud si un día morirás? Pide la inmortalidad."

El pobre hombre ya no sabía qué pedir, porque otros decían: "¿De qué sirve la inmortalidad si no tienes nadie a quien amar? Pide el amor."

Entonces pensó, pensó... y no consiguió llegar a ninguna conclusión, no conseguía saber lo que quería. Cinco, diez años...

Un día le dijo Dios: "¿Cuándo vas a hacer tu tercer pedido?"

Y el pobre hombre dijo: "¡Señor, estoy muy confuso, no sé qué pedir. ¿Podría el Señor decirme qué pedir?"

Dios se rió cuando oyó esto y dijo: "Está bien, te digo lo que debes pedir. Pide ser feliz, no importa lo que te pase. ¡Ahí está el secreto!"

A. M.

LA RIQUEZA

Hay una historia de un hombre que corre al encuentro de un monje que está pasando por la aldea: "¡Deme la piedra, la piedra preciosa!"

Dijo el monje: "¿De qué piedra hablas?"

El hombre: "Ayer a la noche, Dios se me apareció en un sueño y me dijo: *Un monje estará pasando por la aldea mañana al mediodía, y si él le da una piedra que lleva consigo, usted será el hombre más rico del país.* ¡Entonces, deme la piedra!"

El monje revolvió en su hábito y sacó un diamante, el mayor diamante del mundo, ¡del tamaño de la cabeza de un hombre! Y dijo: "¿Es ésta la piedra que quieres? Yo la encontré en el bosque. ¡Tómala!"

El hombre tomó la piedra y se fue corriendo a su casa. Pero aquella noche no pudo dormir. A la mañana siguiente, muy temprano, fue adonde el monje dormía, debajo de un árbol, y habiendo comprendido le dijo: "Aquí tiene de vuelta su diamante. Quiero la riqueza que nos torna capaces de verter hacia afuera la riqueza."

Eso es lo que tenemos que descubrir si queremos hallar la alegría.

A. M.

VERDADERA COMPRENSIÓN

Un general japonés fue detenido por sus enemigos y encerrado en la prisión. El hombre sabía que al día siguiente iba a ser torturado. No conseguía dormir; se quedó caminando en la celda, pensando en la muerte. Pero de pronto llegó a una conclusión: "¿Cuándo voy a ser torturado? Mañana. ¡Pero mañana no es real, eso fue lo que los maestros zen me enseñaron!" En el momento en que entendió eso, se calmó y se adormeció.

A. M.

¡ALEGRÍA!

Me acuerdo de la historia de un prisionero del nazismo. El pobre hombre era torturado todos los días. Un día lo cambiaron de celda. En la nueva celda había una claraboya, por la que podía ver un pedazo de azul durante el día, y algunas estrellas por la noche. El hombre quedó extasiado y escribió a los suyos sobre esa gran suerte.

Al leer esa historia, miré por mi ventana. Yo tenía toda la extensión de la naturaleza para apreciar. ¡Era libre, no un prisionero, podía ir adonde quisiese! Pienso que tuve una fracción de la alegría de aquel pobre prisionero. Recuerdo que leí una novela sobre un prisionero en un campo de concentración soviético, en Siberia. El pobre hombre era despertado a las cuatro de la mañana; le daban un pedazo de pan. Él pensó: "Es mejor guardar un poco de este pan, porque puedo necesitarlo por la noche. No puedo dormir de tanta hambre. Si como de noche, tal vez duerma."

Después de trabajar todo el día, se echó en la cama, con el cobertor que apenas lo abrigaba, y pensó: "Hoy fue un buen día. Hoy no tuve que trabajar en el viento helado. Y esta noche, si me despierto con hambre, tengo un pedazo de pan, lo como y duermo bien."

¡Alegría, felicidad! ¿Puede creerlo?

Una vez, conocí a una mujer paralítica. Todos le preguntaban: "¿Dónde encontraste esa alegría que transparentas todo el tiempo?"

"Tengo todas las cosas más encantadoras de la vida. Puedo hacer las cosas más lindas de la vida."

¡En el hospital, paralizada y llena de alegría! ¡Mujer extraordinaria!

A. M.

LA ALEGRÍA DE LOS PECES

Chuang Tzu y Hui Tzu
estaban cruzando el río Hao
junto a la presa.

Chuang dijo:
"Fíjate qué libremente
saltan y corren los peces.
Ésa es su felicidad."

Hui replicó:
"Ya que tú no eres un pez,
¿cómo sabes
qué es lo que hace felices a los peces?"

Chuang dijo:
"Dado que tú no eres yo,

¿cómo es posible que puedas saber
que yo no sé
qué es lo que hace felices a los peces?"

Hui argumentó:
"Si yo, no siendo tú,
no puedo saber lo que tú sabes,
es evidente que tú,
no siendo pez,
no puedes saber lo que ellos saben."

Chuang dijo:
"¡Espera un momento!
Volvamos
a la pregunta original.
Lo que tú me preguntaste fue
'¿Cómo puedes tú saber
lo que hace felices a los peces?'
Por la forma en que planteaste la cuestión,
evidentemente sabes que sé
lo que hace felices a los peces.

Yo conozco la alegría de los peces
en el río
a través de mi propia alegría, mientras camino
a lo largo del mismo río."

T. M.

METAMORFOSIS

Cuatro hombres entablaron una discusión.
Cada uno decía:
"¿Quién sabe cómo
tener el Vacío por cabeza,
la Vida por espina dorsal
y la Muerte por rabo?
¡Quien sepa cómo será mi amigo!"

Con esto se miraron entre sí,
vieron que estaban de acuerdo,
se echaron a reír
y se hicieron amigos.

Entonces uno de ellos cayó enfermo,
y otro fue a verlo.
"¡Grande es el Creador —dijo el enfermo—,
que me ha hecho como soy!

Estoy tan doblado
que mis tripas están por encima de mi cabeza;
reposo la mejilla
sobre mi ombligo;
mis hombros sobresalen
por encima de mi cuello;
mi coronilla es una úlcera
que inspecciona el cielo;
mi cuerpo es un caos
pero mi mente está en orden."

Se arrastró hasta el pozo,
vio su reflejo y declaró:
"¡Menuda porquería
ha hecho de mí!"

Su amigo le preguntó:
"¿Estás descorazonado?"

"¡En absoluto! ¿Por qué habría de estarlo?
Si Él me hace pedacitos,
y con mi hombro izquierdo
hace un gallo,
yo anunciaré el alba.
Si Él hace una ballesta
de mi hombro derecho,
suministraré pato asado.
Si mis nalgas se convierten en ruedas
y si mi espíritu es un caballo,
¡me pondré yo mismo los aparejos y cabalgaré
en mi propio carro!

Hay un tiempo para unir
y otro para deshacer.
Aquel que entiende
esta sucesión de hechos
acepta cada nuevo estado
en su momento preciso
sin dolor ni regocijo.
Los antiguos dijeron: 'El ahorcado
no puede descolgarse solo.'
Pero a la larga la Naturaleza es más fuerte

que todas sus cuerdas y ataduras.
Siempre fue así.
¿Qué razón hay
para descorazonarse?"

T. M.

DESPRENDIMIENTO

Sabemos que la libertad surge cuando los hijos de Dios se entregan a Él completamente.

LIBERACIÓN

¿Cómo librarnos de esas ilusiones que nos arrastran a tanta preocupación íntima y a tanta desventura fraterna? No podemos vivir en esa tensión, balanceándonos siempre entre el nombre social y los sueños imposibles. No es posible la paz interior ni el amor fraterno, en tales circunstancias. Gran parte de nuestras energías son quemadas por esas preocupaciones que están al servicio de los sueños irreales.

Causa tristeza comprobar cómo se sufre, cómo se lucha, cómo se forjan tantas espadas y se rompen tantas lanzas por la apariencia efímera de un *nombre* que, al final, no es la *verdad* de la persona.

Porque lo importante, para la mayoría de los mortales, no es el realizarse sino el *que me vean realizado*. Y llaman *realizado* no a la productividad efectiva y objetiva, sino al hecho de que la opinión pública me considere triunfante y campeón. Y, subidos al potro de la mentira, vamos galopando sobre mundos irreales, temerosos y ansiosos. De la mentira de la vida, ¡líbranos, Señor!

• • •

Preparad los caminos de la fraternidad. Derribad las altas torres, construidas, no con piedras sino con quimeras. Despertad de los sueños. Renunciad a la adoración de las estatuas vacías. Líbrenos Dios de tanta angustia, y permítanos entrar en el reino de la paz.

Venga, pues, el reino de la sabiduría y de la objetividad. Venga el corazón puro, desprendido de apariencias y liberado de locuras, pobre y sabio al mismo tiempo, porque el pobre siempre es sabio.

Quede, pues, claro. El secreto de la sabiduría está en esto: en darse cuenta de que el nombre es un vacío, como la sombra. La imagen interior de sí mismo es, también, un vacío, como la ilusión. Nada de eso es real. Nada de eso es objetivo.

Despertar significa tomar conciencia de que nos preocupamos por algo irreal, de que vivimos al servicio de una ficción, de que estamos haciendo en la vida una representación teatral, como aquellos que fabrican unas figuritas, y hacen gestos, y gastan las mejores energías en esa pantomina.

Despertar incluye el convencerse de que lo importante es ser, poner en movimiento todas las potencialidades hacia la máxima plenitud, dentro de nuestras limitaciones. No vale la pena sufrir y preocuparse por apariencias que son hijas de la fantasía. Despertar significa liberarse de la tiranía de las ilusiones.

Pues bien; darse cuenta de todo eso ya es *liberarse*. Sólo con eso desaparecen las preocupaciones inútiles, y llega la paz. Por mi observación de la vida, me convencí de que los hermanos, para vivir en armonía fraterna, necesitan, en primer lugar, de la paz interior.

Muchas veces y en muchos hermanos, he percibido en sus rostros tensos la falta de paz. Y eso era, principalmente, fruto de las preocupaciones íntimas por su efigie, por hablar con una palabra. Y con esas cargas es imposible desenvolver relaciones armoniosas con los demás.

Los hermanos, en cuanto se den cuenta de que están perdiendo la paz por apariencias inexistentes, por causas por las que no vale la pena sufrir, van a sentir alivio y paz; y ahora, sí, podrá haber gozosa armonía con los demás miembros de la comunidad.

• • •

El hombre —y sus energías— no fue creado para vivir separado del hermano. No son energías de separación sino de unión.

Sólo accidentalmente por excepción, y casi *contra natura*, las energías humanas son usadas en contra del hermano, porque, por su tensión interna, ellas estaban destinadas a la unión.

Amar (realizarse) significa primariamente —repetimos— tomar conciencia de que estábamos soñando, acabar con la adoración de mi propia estatua, romper todas las ligaduras que me ataban a mi yo, sentirme libre, ser lo que soy, transformar la agresión en amor, y utilizar tanta energía para estimular, animar y acoger a los hermanos. Nos sentiríamos plenos.

Si el lector hiciera una experiencia de despertar, tomaría conciencia de que la imagen que tanto le preocupaba era vana ilusión, y entonces sentiría la sensación de un tremendo alivio, automáticamente se evaporarían las antipatías, los resentimientos, y todo sería paz, unión, amor. Es una experiencia liberadora.

Esta es la sabiduría.

• • •

¿Qué es el nombre? Una etiqueta acoplada a una imagen: un vestido. ¿Y qué es la imagen? Otra etiqueta, acoplada a la persona: vestido también. ¿Qué significa, qué es, por ejemplo, el nombre de Antonio Pérez? Voz, soporte de aire que sustenta una figura, y la figura sustenta una opinión. Lo importante es la persona. Lo decisivo no es la imagen ni el nombre, sino que yo sea verdad, producción, amor.

Todo esto significa humildad.

Este despertar es una verdadera purificación transformadora; es la conversión que nos introduce en el reino de la sabiduría. La sabiduría nos remite al reino del amor. Ahora sí podemos hablar del amor fraterno.

• • •

Esta es la *disposición* que Pablo pedía a los fieles de Filipo: la disposición de Jesús. Él, a pesar de su condición divina, no hizo alarde de su categoría de Dios; al contrario, se despojó de su rango y tomó la condición de esclavo, pasando por uno de tantos. Y así, actuando como un hombre cualquiera, se rebajó hasta someterse incluso a la muerte, y una muerte de cruz.

Siendo omnipotente, no soñó en omnipotencias. Renunciando a todas las ventajas de ser Dios, se sometió a todas las desventajas de ser hombre. Es en la escena de la Pasión donde resplandece el poder y la sabiduría.

Basta mirar la intimidad de Jesús, y pronto nos daremos cuenta de que Él no tenía imagen inflada de sí mismo, no había en Él adhesión a su "yo" porque no tenía "yo", y por eso se comportó, en esas escenas, con tanta libertad, tanta serenidad y tanta grandeza. No le importaba nada, ni los insultos ni las injusticias. Estaba desligado de todo. Por eso se sentía libre. Porque era libre, fue libertador. Sólo los libres pueden liberar.

Al máximo despojo corresponde la máxima libertad, a la máxima libertad corresponde la máxima grandeza. En Getsemaní, el Padre asumió la voluntad de Jesús. Con esta entrega total en las manos del Padre, Jesús quedaba sin nada: no tenía discípulos, amigos, frutos de los trabajos, fama, sangre, vida... Quedaba sin nada. Si no tenía nada, no tenía nada que perder; era el hombre más libre del mundo porque era el hombre más pobre del mundo. Por eso, nunca se comportó con tanta grandeza y libertad como en las escenas de la Pasión, porque, al que nada tiene y nada quiere tener ¿qué lo puede turbar?

Si Juan dice que, al final, se colmaron todas las medidas de amor, en Jesús, fue porque a la máxima humildad corresponde el máximo amor, lo que sucede también en la fraternidad.

Jesús atravesó el escenario de la Pasión vestido de silencio, dignidad y paz, porque se había vaciado completamente; había barrido dentro de Él hasta el polvo de la estatua de sí mismo. Era la Pureza total. Por ser tan humilde, se comportó con tanta grandeza. Al final nos amó sin medida porque había llegado al colmo del vaciamiento y de la humildad.

Para poder amar, es necesario ser pobre y vaciarse al máximo posible. Esta es la manera concreta y eficiente de prepararse para una hermosa fraternidad.

El pobre y humilde Francisco de Asís fue un sabio, porque todo ser despojado tiene una mirada limpia para apreciar la proporcionalidad del mundo. Aquel sabio no intentó fundar una Orden sino una fraternidad itinerante de hermanos penitentes y testigos de la Resurrección. Le interesaba, por encima de todo, que fueran hermanos. Pero, como era un sabio, se dio cuenta de que es imposible que los hombres de una comunidad sean hermanos, si, previamente, no son menores.

Y, a la hora de organizar la nueva forma de vida, coloca el Sermón de la Montaña como la única condición y posibilidad para que los hermanos puedan establecer relaciones interpersonales de reverencia, apertura y acogida. Hay que comenzar por derribar estatuas, retirar propiedades, desligarse de los intereses propios, vaciarse, barrer hasta los escombros, dejar todo limpio y expedito para que el hermano haga su entrada en nuestro recinto interior.

Sólo los puros pueden amar. Los puros son aquéllos que no tienen intereses, no tienen nada que defender, no tienen por qué desconfiar y por qué tener sus puertas cerradas, ya que no esconden ninguna propiedad. Sólo ellos pueden abrirse, sin recelo y sin cálculo, a sus hermanos.

• • •

Francisco de Asís se dio cuenta de que toda propiedad es potencialmente violencia. Siempre sucede lo mismo: la propiedad fácilmente se siente amenazada. Al sentirse amenazada, la propiedad sacude y tironea al propietario, pidiéndole que la defienda del peligro. Es esto lo que significa aquel adagio romano *res clamat dominum*, las propiedades reclaman a su dueño. Y, entonces, el propietario echa mano de las armas para defender sus propiedades. Y se enciende la guerra.

Cuando el obispo Guido preguntó a Francisco: "hermano Francisco, ustedes, ahora, son pocos; pronto serán muchos, van a necesitar bienes para el sustento diario. ¿Por qué no permites unas propiedades para los hermanos?" Francisco respondió: "Porque si tuviéramos propiedades, necesitaríamos armas para defenderlas." Parece una respuesta ingenua, pero está llena de sabiduría y profundidad.

I. L.

DESAPEGO

Hubo un gran maestro zen llamado Ryokan. Habitaba al pie de una montaña y vivía una vida muy simple. Un día, un ladrón entró en su casa, pero no encontró nada que robar. Mientras el ladrón estaba allí, el maestro volvió y lo descubrió.

Dijo Ryokan: "Usted viajó una gran distancia para venir a asaltarme. No puede irse con las manos vacías." ¡Y le dio todas sus ropas y su manta!

El ladrón, completamente confundido, tomó las ropas y desapareció. Después que él salió, el maestro se sentó a la puerta de su casa, miró el deslumbrante claro de luna y pensó: "¡Qué pena! ¡Hubiese querido poder darle esta luna deslumbrante!"

A. M.

LO INÚTIL

Hui Tzu dijo a Chuang Tzu: "Todas tus enseñanzas están centradas en lo que no tiene utilidad."

Chuang replicó: "Si no aprecias aquello que no tiene utilidad, no puedes ni empezar a hablar acerca de aquello que la tiene.

La tierra, por ejemplo es amplia y vasta, pero de toda esta extensión el hombre no utiliza más que las pocas pulgadas sobre las que en un momento dado está.

Ahora, supone que súbitamente haces desaparecer todo aquello que no está de hecho utilizando de modo que, en torno a sus pies, se abre un abismo, y queda en medio del Vacío, con nada sólido en ninguna parte, excepto justo debajo de cada pie...

¿Durante cuánto tiempo podrá usar lo que esté utilizando?"

Hui Tzu dijo: "Dejaría de servir para nada."

Chuang Tzu concluyó: "Esto demuestra la necesidad absoluta de lo que 'no tiene utilidad'."

T. M.

LA MONTAÑA DE LOS MONOS

El príncipe de Wu tomó un bote hasta la Montaña de los Monos. En cuanto éstos lo vieron, huyeron con gran pánico y se refugiaron en las copas de los árboles.

Un mono, no obstante, permaneció tranquilo, completamente despreocupado, balanceándose de rama en rama: ¡una extraordinaria exhibición!

El príncipe le disparó una flecha al mono, pero éste, con gran destreza, capturó la flecha en pleno vuelo.

Ante esto, el príncipe ordenó a sus acompañantes que hicieran un ataque conjunto.

En un momento, el mono quedó acribillado a flechazos y cayó muerto.

Entonces el Rey se volvió hacia su compañero Yen Pu'i: "¿Ves lo que ha pasado? —dijo—: Este animal hacía pública su inteligencia. Confiaba en su propia habilidad. Pensaba que nadie podría tocarlo. ¡Recuerda eso! ¡No te apoyes en la distinción y el talento cuando trates con los hombres!"

Cuando volvieron a casa, Yen Pu'i se convirtió en el discípulo

de un sabio para librarse de todo aquello que lo hacía destacar-
se. Renunció a todo placer. Aprendió a ocultar toda "distinción".

Pronto, nadie en todo el reino sabía qué pensar de él.

Por lo tanto, lo miraban con temerosa admiración.

T. M.

EL ÁRBOL INÚTIL

Hui Tzu le dijo a Chuang:
"Tengo un árbol grande,
de los que llaman árboles apestosos.
El tronco está tan retorcido,
tan lleno de nudos,
que nadie podría obtener una tabla derecha
de su madera. Las ramas están tan retorcidas
que no se pueden cortar en forma alguna
que tenga sentido.

Ahí está junto al camino.
Ni un solo carpintero se dignaría siquiera mirarlo.

Iguales son tus enseñanzas,
grandes e inútiles."

Chuang Tzu replicó:
"¿Has observado alguna vez al gato salvaje?
Agazapado, vigilando a su presa,

...ta en esta y aquella dirección,
...rriba y abajo, y finalmente
aterriza en la trampa.

Pero ¿has visto al yak?
Enorme como una nube de tormenta,
firme en su poderío.
¿Que es grande? Desde luego.
¡No puede cazar ratones!
Igual ocurre con tu gran árbol. ¿Inútil?
Entonces plántalo en las tierras áridas.
En solitario.
Pasea apaciblemente por debajo,
descansa bajo su sombra;
ningún hacha ni decreto preparan su fin.
Nadie lo cortará jamás.

¿Inútil? ¡Eres tú el que debería preocuparse!"

T. M.

CONFUCIO Y EL LOCO

Cuando Confucio estaba visitando el estado de Chu,
apareció Kieh Yu,
el loco de Chu,
y cantó a la puerta del Maestro:
"Oh, Fénix, Fénix,
¿dónde ha ido a parar tu virtud?

¡No puede alcanzar el futuro
ni traer de vuelta el pasado!
Cuando el mundo tiene sentido,
los sabios tienen trabajo.
Sólo pueden esconderse
cuando el mundo está patas arriba.
Hoy en día, si consigues mantenerte con vida,
afortunado eres:
¡Intenta sobrevivir!

La alegría es ligera como una pluma,
pero ¿quién puede llevarla?
El dolor cae como un corrimiento
      de tierras,
¿quién puede detenerlo?

Nunca, nunca
vuelvas a enseñar la virtud.
Caminas en peligro.
¡Cuidado! ¡Cuidado!

Hasta los helechos pueden cortar
tus pies.
Cuando yo camino, loco,
camino bien;
pero ¿soy yo un hombre
para imitar?"

El árbol en lo alto de la montaña es su propio
      enemigo.
La grasa que alimenta la luz se devora a sí misma.
El árbol de la canela es comestible: ¡así que

se lo derriba!
El árbol de la laca es rentable: lo mutilan.
Todo hombre sabe lo útil que es ser útil.
Nadie parece saber
lo útil que es ser inútil.

T. M.

EL HOMBRE VERDADERO

¿Qué se quiere decir con "el hombre verdadero"?
Los hombres verdaderos de antaño no tenían miedo
cuando se encontraban solos en sus puntos de vista.
Nada de grandes logros. Nada de planes.
Si fracasaban, nada de dolor.
Nada de autocomplacencia en caso de éxito.
Escalaban farallones, siempre sin vértigo;
se sumergían en las aguas, jamás se mojaban,
caminaban a través del fuego y no se quemaban.
Así su conocimiento llegaba
hasta el Tao.

Los hombres verdaderos de antaño
dormían sin sueños,
despertaban sin preocupaciones.
Su comida era sencilla.
Respiraban profundamente.
Los hombres verdaderos respiran desde sus talones.
Otros respiran con sus gargantas,

medio estrangulados. En las disputas
arrojan argumentos
como si vomitaran.

Donde las fuentes de las pasiones
yacen profundas,
los arroyos celestiales
pronto se secan.
Los hombres verdaderos de antaño
no conocían la pasión por la vida,
ni el miedo a la muerte.
Su aparición carecía de alegría,
su salida, más allá,
se producía sin resistencia.
Fácil viene, fácil se va.
No olvidaban de dónde,
ni preguntaban a dónde,
ni caminaban inflexiblemente hacia adelante
luchando a todo lo largo de su vida.
Tomaban la vida como venía, alegremente;
tomaban la muerte como venía, sin preocupación;
y se iban, allá.
¡Allá!
No tenían intención de combatir el Tao.
No intentaban, motu proprio,
ayudar al Tao.
Ésos son los que llamamos hombres verdaderos.

Mentes libres, pensamientos desaparecidos.
Frentes despejadas, rostros serenos.
¿Eran frescos? No más frescos que el otoño.
¿Eran cálidos? No más que la primavera.

Todo lo que salía de ellos
salía tranquilamente, como las cuatro estaciones.

T. M.

LA IMPORTANCIA
DE NO TENER DIENTES

Nieh Ch'ueh, que no tenía dientes,
fue a ver a P'i y le pidió una lección sobre el Tao.
(¡Tal vez eso sí pudiera masticarlo!)

De modo que P'i comenzó:
"En primer lugar, logra el control del cuerpo
y todos sus órganos. Después
controla la mente. Alcanza
la idea fija. Entonces
la armonía de los Cielos
descenderá y morará en ti.
Irradiarás Vida.
Reposarás en el Tao.
Tendrás el aspecto simple
de un ternero recién nacido,
Oh, afortunado de ti,
ni siquiera sabrás la causa
de tu estado…"

Pero, mucho antes de que P'i llegara a este punto de su sermón, el desdentado se había quedado dormido. Su mente era simplemente incapaz de masticar la sustancia de la doctrina. Pero P'i quedó satisfecho. Echó a andar cantando:

"Su cuerpo está enjuto y seco
como un hueso viejo;
su mente está muerta
como las cenizas consumidas.
¡Su conocimiento es sólido,
su sabiduría es cierta!
En una noche profunda y oscura,
vaga con libertad,
sin objetivos
y sin designios.
¿Quién puede compararse
con este hombre sin dientes?"

T. M.

EL HOMBRE SOBERANO

Mi Maestro dijo:
"Aquello que actúa sobre todo y no interfiere
   con nada, es el cielo...
El hombre soberano se da cuenta de esto, lo oculta
   en su corazón,
crece sin límite, con amplia mentalidad, lo atrae todo
   a sí.

81

Y así deja que el oro yazca oculto en la montaña,
deja la perla descansando en las profundidades.
Los bienes y las propiedades no suponen ganancia
    alguna ante sus ojos,
se mantiene alejado de la riqueza y los honores.
Una larga vida no es motivo de regocijo,
    ni una muerte temprana de pena.
El éxito es algo de lo que no tiene por qué
    enorgullecerse,
el fracaso no es una vergüenza.
Si tuviera todo el poder del mundo,
    no lo consideraría como propio;
si lo conquistara todo, no se lo apropiaría.
Su gloria está en saber que todas las cosas se funden
    en Una,
y que la vida y la muerte son iguales."

T. M.

AMOR

*¿Has tenido la experiencia
de que somos millones de personas
en un solo Cristo?*

DAR LA VIDA

Dios envió a su Hijo único
a este mundo
para darnos vida eterna
por medio de Él.

No somos, pues, nosotros,
los que hemos amado a Dios.
Fue Él, el primero en amarnos (1 Jn 4, 10-19).

San Juan continúa. Si nosotros deseamos participar de la luminosa naturaleza de Dios, sólo nos queda una vía para esta divinización: la del amor, porque Dios es Amor.

Y como amar significa dar, solamente dándonos, nos divinizaremos. Pero darse ¿a quién? Y en este momento, Juan se despreocupa de su coherencia lógica, abandona la dirección vertical y, contra lo esperado, toma la vía horizontal. ¡Extraño!

Me explico. El amor, brotando del corazón del Padre, se derramó entre los hombres, mediante Jesucristo, verdadero canalizador. Ahora hubiéramos esperado que Juan continuara su disertación, diciendo: ya que, amor con amor se paga, si Dios nos ha amado de esta manera, nosotros, ahora, vamos a pagarle con la misma moneda, devolviéndole el mismo amor.

Pero, en lugar de seguir esa línea vertical, Juan se sale por la tangente:

Si Dios nos ha amado
de esta manera,
nosotros debemos amarnos,
unos a otros,
de la misma manera (1 Jn 4, 11).

Así, pues, para que el amor pueda regresar, colmado y maduro, a la Fuente original del Padre, tendrá que dar un amplio rodeo por las tierras de la fraternidad, en un largo proceso de maduración.

E instalado firmemente en el suelo fraterno, Juan consolida su territorio ocupado, con vigorosas expresiones.

Queridos míos: tomen nota de esto: como saben, ningún mortal vio ni verá un segmento del fulgor de Dios. Pero sepan que, si nos amamos unos a otros, Él mismo, personalmente, habitará en nosotros, y nosotros nos convertiremos en brillantes espejos, y Dios se hará visible para todos los hombres. Nosotros hemos creído en el amor porque hemos sentido, en nuestra propia carne, el amor original del Padre. Sí; nosotros sabemos experimentalmente que Dios es Amor. Y, si nos amamos unos a otros, nuestras raíces permanecerán plantadas en el corazón del Padre, y su amor crecerá en nuestro corazón (cf. 1 Jn 4, 17-17).

Amémonos unos a otros
ya que Él nos amó primero.

• • •

Llegado a este punto, Juan se detiene, desconfiado. Conocía muy bien el árbol humano. En el esplendor verde de su follaje había encontrado tantas emociones y tan pocos frutos...

Juan les previene para no dejarse engañar, ya que, en esto del amor, la verdad y la mentira cantan al mismo compás. Si alguien, en este mundo nada en riqueza y, al ver a su hermano hambriento, queda impasible, ¿cómo podemos decir que el amor de Dios reside en ese corazón?

Cuidado, queridos míos:

en esto del amor

es fácil emocionarse

y decir palabras lindas.

Pero lo que importan son los hechos (1 Jn 3, 17).

Vía oblativa

Entonces, ¿cómo amar? ¿Cuál es el criterio para distinguir las emociones de los hechos? Juan responde:

Él dio su vida por nosotros.

Y así, ahora, nosotros

debemos Dar la Vida

por nuestros hermanos (1 Jn 3, 16).

Un amor exigente y concreto, dentro de la ley de la renuncia y de la muerte. En otras palabras, no un amor emotivo sino oblativo.

Con tales palabras, Juan despeja las ambigüedades, desciende hasta el fondo del misterio, y nos da una definición radical e inequívoca del amor fraterno.

Amar oblativamente consiste en dar la vida.

· · ·

¿Qué significa dar la vida, en el contexto de los escritos de Juan?

Hay que tener presente que no se trata de dar algo: tome este regalo, acepte esta limosna. Se trata de darse. Ahora bien, para darnos, tenemos que desprendernos, y todo desprendimiento es doloroso y envuelve un sentido de muerte.

Si le doy este reloj, yo no sufro porque no hay desprendimiento. Pero si intento darle mi piel, antes de dársela, tengo que desprenderme de ella. Y eso, sí, duele.

Todo lo que está adherido vitalmente a la persona, como en el caso de perdonar, adaptarse... antes de darme necesito desligarme de una adherencia, y ese desprenderse de algo vivo es morir un poco.

Amar oblativamente es morir un poco.

· · ·

Con esta luz joanina, vamos a descender a la arena de la vida, y con unos ejemplos, comprobaremos la veracidad y realismo de esta definición oblativa del amor fraterno.

Supongamos que, en la comunidad, hay un individuo que, por diferentes circunstancias históricas o temperamentales, produce en mí un fuerte rechazo. ¿Cómo amarlo? Si dejo que surjan en mí los impulsos naturales, sin poder evitarlo, voy a tener una espontánea manifestación adversa. ¿Qué hacer? Tengo que negarme (Mt 16, 24) a esos instintos, violentarme (Mt 11, 12) en la repugnancia que me causa ese sujeto (desprenderse: suprimir un impulso natural de resistencia) y darme en forma de aceptación.

Tengo que morir a algo mío, muy vivo. Una oblación.

I. L.

LA PERSONA SANTA

En la India, los místicos y los poetas se preguntaron muchas veces quién es la Persona Santa. Y llegaron las lindas respuestas:

La Persona Santa es como una rosa. ¿Se ha oído decir a alguna rosa: "Daré mi fragancia solamente a las personas buenas que me huelan, y voy a negar mi perfume a las personas malas"? ¡No, no! Expandir perfumes es parte de la naturaleza de la rosa.

La Persona Santa es como una lámpara encendida en un cuarto oscuro. ¿Puede una lámpara decir que va a iluminar solamente a las personas buenas y esconder su luminosidad de las personas malas?

La Persona Santa es como un árbol que da sombra tanto a las personas buenas como a las personas malas. El árbol da su sombra hasta a la persona que lo está cortando. Y, si fuese aromático, dejará su perfume en el hacha.

¿No es exactamente eso lo que Jesús dice cuando nos manda ser misericordioso como nuestro Padre celestial, que hace llover sobre buenos y malos? ¿Que hace brillar el sol sobre justos y pecadores? ¿Cómo podemos llegar algún día a ese tipo de amor?

Por la comprensión, por una comprensión o experiencia mística. ¿Qué significa eso? ¿Usted ya tuvo la experiencia de que somos millones de personas en un solo Cristo? Pablo afirma que todos somos un solo cuerpo, miembros unos de otros. Ésa es la imagen del cuerpo. Así como mi cuerpo y yo. Nosotros no somos dos, pero tampoco somos la misma cosa. ¡Yo no soy mi cuerpo, pero no somos dos! ¡Y cómo amo a mi cuerpo! Cuando un miembro de mi cuerpo o un órgano está enfermo o sano, yo lo amo de la misma forma.

Entonces, aquí está esa comprensión que es dada a algunas

personas bienaventuradas. Ellas son diferentes de las otras, pero no están separadas, son un solo cuerpo.

A. M.

IDENTIFICACIÓN

Hay un cuento hindú sobre siete locos que se dirigen a una aldea para ir a una especie de gran banquete, y vuelven a casa, tarde en la noche, ebrios y más locos que antes. Empieza a llover y se protegen bajo un árbol. Al despertar, a la mañana siguiente, comienzan a lamentarse en voz alta. Un caminante se detiene y dice: "¿Qué sucede?"

"Dormimos debajo de este árbol y nuestros miembros, manos y piernas, se mezclaron. De manera que no sabemos a quién pertenecen las manos y las piernas." Y el caminante dijo: "Eso es fácil. ¡Denme una rama de espino."

Pincha una pierna, y el dueño grita: "¡Ay!" El caminante dijo: "¡Ésta es su pierna!" Continúa pinchando manos y piernas diferentes, y separando a los locos.

Cuando alguien se lastima, es maltratado, yo digo "¡Ay!". Algo sucedió. Amor como identificación. ¿Podemos hacer algo para conseguir esa gracia? No, es un don.

Todo lo que podemos hacer es prepararnos.

A. M.

DISCULPAS

Si un hombre pisa a un desconocido
en el mercado,
ofrece cortésmente disculpas
y una explicación
("¡Este lugar está tan enormemente lleno!").

Si un hermano mayor
pisa a su hermano menor,
dice: "¡Lo siento!"
Y ahí queda eso.

Si un padre
pisa a un hijo suyo,
no se dice absolutamente nada.

La mayor educación
está libre de toda formalidad.
La conducta perfecta
está libre de preocupaciones.
La sabiduría perfecta
no está planificada.
El amor perfecto
no necesita demostraciones.
La sinceridad perfecta no ofrece
garantías.

T. M.

SAPOS Y PRINCESAS

Un día, la bella princesa fue a caminar por el bosque y encontró un sapo. El sapo la saludó muy delicadamente. La princesa se asustó de un sapo que hablaba la lengua de los hombres.

Pero el sapo le dijo: "Su Alteza Real, no soy un sapo de verdad. Soy un príncipe, pero una bruja me transformó en sapo."

La princesa, que era de corazón bondadoso, respondió: "¿Hay alguna cosa que se pueda hacer para quebrar ese hechizo?"

El sapo respondió: "Sí, la bruja dice que, si encontrase a una princesa que yo amara, y ella se quedase conmigo tres días y tres noches, el hechizo se rompería y yo volvería a ser un príncipe."

La princesa podía ya ver al príncipe en aquel sapo. Llevó el sapo consigo al palacio.

Todo el mundo decía: "¿Qué criatura repugnante es la que traes?"

Y ella respondía: "No, no es una criatura repugnante, ¡es un príncipe!"

Y mantuvo el sapo consigo noche y día, en la mesa, en un almohadón, mientras dormía. Después de tres días y de tres noches, ella vio al joven y bello príncipe, que le besó la mano con gratitud por haber quebrado el hechizo y haberlo transformado en el príncipe que era.

Ese cuento de hadas es la historia de todos nosotros. ¡De algún modo, fuimos transformados en sapos y pasamos la vida buscando a alguien que quiebre el hechizo y nos recree!

A. M.

SER LIBRE

Déjenme contar una historia sobre una persona libre. Es la historia de una muchacha, en una aldea de pescadores, que fue madre soltera.

Sus padres la pegaron hasta que confesó quién era el padre: "Es el maestro zen que vive en el templo fuera de la aldea." Sus padres y todos los aldeanos quedaron indignados. Corrieron al templo, después que el bebé nació, y lo dejaron frente al maestro zen. Y le dijeron: "¡Hipócrita! ¡Ese niño es suyo! ¡Cuídelo!" Todo lo que el maestro zen dijo fue: "¡Muy bien! ¡Muy bien!" Y dio el bebé a una de las mujeres de la aldea, encargándose de los gastos.

Después de esto, el maestro perdió la reputación, sus discípulos lo abandonaron, nadie iba a consultarlo; y esto duró algunos meses. Cuando la muchacha vio eso, no pudo aguantar más y finalmente reveló la verdad. El padre del niño no era el maestro, era un muchacho de la vecindad.

Cuando sus padres y toda la aldea supieron esto, volvieron al templo y se postraron delante del maestro. Imploraron su perdón y pidieron que les devolviese el bebé. El maestro devolvió el bebé, y todo lo que dijo fue: "¡Muy bien! ¡Muy bien!" Era una persona libre.

A. M.

DIENTES DE LEÓN

Un hombre que se sentía orgullosísimo del
césped de su jardín se encontró un buen
día con que en dicho césped crecía una
gran cantidad de "dientes de león". Y,
aunque trató por todos los medios de
librarse de ellos, no pudo impedir que
se convirtieron en una auténtica plaga.

Al fin escribió al Ministerio de Agricultura,
refiriendo todos los intentos
que había hecho, y concluía la carta
preguntando: "¿Qué puedo hacer?"

Al poco tiempo llegó la respuesta:
"Le sugerimos que aprenda a amarlos."

También yo tenía un césped del que estaba muy orgulloso, y también sufrí una plaga de "dientes de león" que traté de combatir con todos los medios a mi alcance. De modo que el aprender a amarlos no fue nada fácil.

Comencé por hablarles todos los días cordial y amistosamente. Pero ellos sólo respondían con su hosco silencio. Aún les dolía la batalla que había librado contra ellos. Probablemente recelaban de mis motivos.

Pero no tuve que aguardar mucho tiempo a que volvieran a sonreír y a recuperar su sosiego. Incluso respondían ya a lo que yo les decía. Pronto fuimos amigos.

Por supuesto que mi césped quedó arruinado, pero ¡qué delicioso se hizo mi jardín…!

A. M.

EL AMOR NO GUARDA RENCOR

Hay una frase encantadora del Nuevo Testamento, cuando Pablo, hablando del amor, dice: "El amor no guarda rencor." A veces digo a las personas: "Ustedes van a quedar muy desilusionados cuando lleguen allá arriba y descubran que no hay pecado que no pueda ser perdonado por Dios."

Cierta vez, una mujer que suponía estar teniendo visiones de Dios fue a pedir consejo al obispo. Él le recomendó:

—Usted puede estar creyendo en ilusiones. Debe entender que, como obispo de la diócesis, yo soy quien puede decidir si sus visiones son verdaderas o falsas.

—Sí, Excelencia.

—Ésa es mi responsabilidad, es mi deber.

—Perfectamente, Excelencia.

—Entonces, deberá hacer lo que le ordene.

—Lo haré, Excelencia.

—Entonces escuche: la próxima vez que Dios se le aparezca, como dice que se le aparece, usted hará un test, por el cual sabrá si es realmente Dios.

—De acuerdo, Excelencia. Pero ¿cómo es el test?

—Diga a Dios: "Por favor, revéleme los pecados personales y privados del señor obispo." Si fuese Dios el que se le aparece, Él le revelará mis pecados. Después vuelva aquí y cuénteme, y a nadie más. ¿Está bien?

—Así lo haré, Excelencia.

Después de un mes, ella pidió una entrevista con el obispo, quien le preguntó:

—¿Dios se le apareció de nuevo?

—Creo que sí, Excelencia.

—¿Le hizo la pregunta que le ordené?

—¡Por cierto, Excelencia!

—¿Qué dijo Dios?

—Dios me dijo: "¡Ve a comunicarle al obispo que me olvidé de todos sus pecados!"

A. M.

NO CAMBIES

Durante años fui un neurótico.
Era un ser angustiado, deprimido y egoísta.
Y todo el mundo insistía en decirme que cambiara.
Y no dejaban de recordarme lo neurótico que yo era.
Y yo me ofendía, aunque estaba de acuerdo con ellos,
y deseaba cambiar,
pero no acababa de conseguirlo
por mucho que lo intentara.

Lo peor era que mi mejor amigo
tampoco dejaba de recordarme lo neurótico que yo estaba.
Y también insistía
en la necesidad de que yo cambiara.

Y también con él estaba de acuerdo,
y no podía sentirme ofendido
con él. De manera que me sentía
impotente y como atrapado.

Pero un día me dijo: "No cambies. Sigue
siendo tal como eres. En realidad no
importa que cambies o dejes de cambiar.
Yo te quiero tal como eres y no puedo
dejar de quererte."

Aquellas palabras sonaron en mis oídos
como música: "No cambies. No cambies.
No cambies… Te quiero…"

Entonces me tranquilicé. Y me sentí vivo.
Y, ¡oh maravilla!, cambié.

Ahora sé que en realidad no podía cambiar hasta encontrar a alguien que me quisiera, prescindiendo de que cambiara o dejara de cambiar.

¿Es así como Tú me quieres, Dios mío?

A. M.

MI AMIGO

Malik, hijo de Dinar, estaba muy preocupado
por la disoluta conducta de un joven libertino
que vivía en la casa contigua a la suya.
Durante mucho tiempo no hizo nada al respecto,
en la esperanza de que hubiera alguien que
interviniera. Pero, cuando la conducta del joven
se hizo absolutamente intolerable, Malik
se dirigió a él y le pidió que cambiara
su modo de ser.

Con toda tranquilidad, el joven informó a Malik
de que él era un protegido del Sultán y, por lo
tanto, nadie podía impedirle vivir
como a él se le antojara.

Malik le dijo: "Yo, personalmente, me quejaré

al Sultán." Y el joven le respondió: "Será completamente inútil, porque el Sultán jamás cambiará su opinión acerca de mí."

"Entonces le hablaré de ti al Sumo Creador", replicó Malik. "El Sumo Creador —dijo el joven— es demasiado misericordioso como para reprocharme nada."

Malik quedó totalmente desarmado, por lo que desistió de su intento. Pero al poco tiempo la reputación del joven se hizo tan pésima que originó la repulsa general. Malik decidió entonces que debía intentar reprenderle. Pero, cuando se dirigía a la casa del joven, oyó una voz que le decía: "No toques a mi amigo. Está bajo mi protección." A Malik esto le produjo una enorme confusión y, cuando se vio en presencia del joven, no supo qué decirle.

El joven le preguntó: "¿A qué has venido?" Respondió Malik: "Venía a reprenderte, pero cuando me dirigía hacia aquí una Voz me dijo que no te tocara, porque estás bajo su protección."

El rostro del disoluto joven se transformó. "¿De veras me llamó amigo suyo?", preguntó. Pero para entonces Malik ya se había marchado. Años más tarde, Malik se encontró con él en La Meca. Las palabras de la Voz le

habían impresionado de tal modo, que había
renunciado a todos sus bienes y se había
hecho un mendigo errante. "He venido aquí
en busca de mi Amigo", le dijo a Malik.
Y, dicho esto, murió.

¿Dios, amigo de un pecador? Semejante afirmación es tan arriesgada como real. Yo me la apliqué a mí mismo cuando, en cierta ocasión, dije: "Dios es demasiado misericordioso como para reprocharme nada." Y al instante escuché la Buena Noticia por primera vez en mi vida.

A. M.

DIOS ES AHORA

Eso es lo que significa estar vivo:
ser único.

REALMENTE VIVO

¡Qué pocos gastan tiempo y energía para mejorar la calidad de su existencia! Usted puede morir sin haber vivido. Las personas piensan que están vivas porque están respirando, comiendo, hablando, conversando, andando de un lado para otro. No están muertas, es claro. Pero ¿estarán vivas? No están vivas ni muertas realmente. ¿Qué significa estar realmente vivo? Significa tres cosas: ser usted, ser ahora y estar aquí. Estar vivo significa ser usted. En la medida en que usted es usted, usted está vivo. Podemos preguntar: "¿Yo no soy yo? ¿Quién sería yo si no fuese yo?" Es muy posible que usted no sea usted, que sea una marioneta. [...]

Dijo Einstein que es más fácil desintegrar el átomo que el prejuicio. Las personas no son ellas mismas, de manera alguna; son controladas. ¿Qué resulta de esto? Se vuelven marionetas, tienen comportamientos, sentimientos y actitudes mecánicas. No tienen sentimientos vivos, ni comportamiento vivo, y no lo saben.

Están respondiendo a voces de personas del pasado. Tuvieron algunas experiencias que las afectaron, las controlaron, y a causa de eso no son libres, no están vivas. Es el mayor obstáculo de la vida espiritual.

Si ustedes quieren ser mis discípulos, tienen que odiar a su padre y a su madre. Las personas se escandalizan con Jesús. ¿Qué significa eso?

Por cierto, Jesús no quiso decir que debemos odiar a nuestros padres. ¡Atención! Debemos amarlos como amamos a todos los seres humanos. Los padres de los que Jesús habla son el Padre y la Madre que cargamos en la mente y que nos controlan. ¡Aquellas voces! De eso tenemos que desprendernos, arrancarnos. Cuando desistimos de existir mecánicamente, dejamos de ser marionetas. ¿Cómo podremos tener una vida espiritual si no estamos vivos? ¿Cómo ser discípulos de Jesús, si somos seres mecanizados, marionetas? Y la pregunta fundamental: ¿Cómo dejar de estar mecanizados?

Eso es lo que significa estar vivo, ser único. Desprenderse de las voces y del control remoto. Y usted va a conseguirlo a través de la observación.

Hay una segunda cosa que usted necesita para estar vivo: *estar ahora.* ¿Qué significa esto? Significa, en primer lugar, entender algo que poquísimas personas entienden. Que el pasado es irreal, que el futuro es irreal y que vivir en el pasado o en el futuro es estar muerto. Sé que hay cosas maravillosas en el pasado, que podemos aprender lecciones de él, que el pasado influyó en nosotros y nos modeló. ¡Perfecto! ¡Pero él no es real! Debemos planear el futuro. De hecho, si no hubiese planeado el futuro, es poco probable que me estuviese leyendo ahora. Pero el futuro tampoco es real, es una noción de nuestra mente. Y, en tanto que usted viva en el pasado o en el futuro, no va a estar ahora, no va a estar aquí. [...]

Dios no es mañana. Dios es ahora. La vida no es mañana, es ahora. El amor no es mañana, es ahora. La iluminación es ahora. Si usted viene al presente, ella puede manifestarse. Sí. *Puede manifestarse.*

A. M.

VER EL RÍO

Un viejo y sabio barquero transportaba peregrinos a un santuario. Un día le preguntó alguien: "¿Usted ya fue al santuario?"

El barquero respondió: "No, todavía no, porque todavía no descubrí todo lo que el río tiene para ofrecerme. En este río encuentro la sabiduría, encuentro la paz, encuentro a Dios."

Pero los peregrinos ni siquiera percibían el río. Sus mentes estaban fijas en el santuario; no podían ver el río.

A. M.

LA TÉCNICA

Una leyenda dice que Buda viajó por todo el país en busca de iluminación, fue uno de los mayores maestros de su época, practicó todas las disciplinas y las espiritualidades que había, pero no llegó a la iluminación. Finalmente desistió. Desesperado, se sentó debajo de una higuera y fue iluminado. Años después, sus discípulos preguntaron: "Maestro, ¿nos cuenta el secreto de la iluminación? ¿Cómo la consiguió?"

No existe ningún secreto, no hay técnica. Y el viejo intentaba explicar eso. Pero los discípulos querían la técnica. Entonces Buda —lo imagino guiñando el ojo— dijo: "Está bien, voy a darles una técnica. Cuando estén inspirando, sean conscientes de que están inspirando. Y, cuando estén espirando, sean conscientes de que están espirando."

A. M.

ILUMINACIÓN

Un famoso gurú se iluminó. Sus discípulos le preguntaban: "Maestro, ¿qué consiguió como resultado de su iluminación? ¿Qué le dio la iluminación?"

El hombre respondió: "Bien, voy a contarles lo que ella me dio: cuando como, como; cuando miro, miro; cuando escucho, escucho. Eso fue lo que ella me dio."

Los discípulos replicaron: "¡Pero todo el mundo hace eso!"

Y el maestro se rió a carcajadas: "¿Todo el mundo hace eso? ¡Entonces todo el mundo debe estar iluminado!"

La cuestión es que casi nadie hace eso, casi nadie está aquí, vivo.

A. M.

MOMENTOS

Es un cuento japonés sobre un muchacho que estaba huyendo de un tigre. Llegó a un precipicio, comenzó a caer, pero consiguió tomarse de una rama de árbol que crecía en la ladera del precipicio. Miró hacia la cima y vio al tigre mirándolo, y no había manera de subir. Miró hacia abajo y vio el precipicio de más o menos dos mil metros y, a su lado, un arbusto con frutas. Las frutas estaban maduras. ¡Entonces tomó una de ellas, la llevó a la boca y sintió el gusto dulce! Así aprendió a vivir la vida a cada momento, la única manera de vivir. Pero esto suena como un imposible "¡Hágase!".

A. M.

OÍR CON EL CORAZÓN

¿Nos basta con mirar y tendremos la gracia de ver y reconocer a Dios? No. Usted puede recibir la gracia de ver y reconocer. Lo que requiere una manera especial de mirar.

El zorro dijo al Principito algo maravilloso:

"Sólo con el corazón se ve correctamente. Lo esencial es invisible a los ojos." Entonces, es necesario oír con el corazón, ver con el corazón.

En un cuento japonés, el discípulo dice al maestro: "Usted está escondiéndome el secreto final de la contemplación."

El maestro dice: "¡No, no lo estoy haciendo!"

El discípulo responde: "¡Sí, lo hace!"

Un día estaban caminando por los declives de una montaña y oyeron cantar un pájaro. El maestro dijo al discípulo: "¿Has oído aquel pájaro cantar?"

El discípulo contestó: "Sí."

El maestro dijo: "Ahora sabes que no te he escondido nada."

Y el discípulo respondió: "Sí."

¿Sabe lo que sucedió? Él oyó con el corazón, escuchó con el corazón. Eso es una gracia que puede sernos dada.

A. M.

VOLVER AL PRESENTE

Un gran gurú de Oriente estaba hablando para un grupo de ejecutivos. Dijo: "Así como el pez muere en la tierra seca, ustedes morirían si quedaran enredados en los asuntos del mundo. El pez debe volver al agua, allí es donde vive. Ustedes deben volver a su propio corazón."

Entonces, los ejecutivos dijeron: "¿Quiere decir que debemos abandonar nuestros negocios y entrar a un monasterio?" "No, no —dijo el gurú—. No dije entrar a un monasterio; continúen con sus negocios y vuelvan a su corazón."

¿Entiende? Volver al corazón no significa entrar en una especie misteriosa de fantasía mística. Significa volver a casa, a usted mismo; significa volver al presente. A partir de entonces, usted vivirá.

A. M.

PODER

Estado quiere decir que uno no vive aislado en su interior, consigo, solo; sino abierto, con otros.

EL PODER DEL AMOR DE DIOS

San Juan comienza por identificar dos palabras: Dios y Amor. Ambas expresiones, para él, son como una estrella y otra estrella: contienen el mismo fuego. Si decimos que Dios es Amor, podemos agregar que donde está el Amor, allí está Dios. Caminando sobre la misma cadena, podemos llegar a otra conclusión: donde no hay amor, allí no está Dios; y donde no está Dios, no puede haber amor.

Pero si, donde no está el amor, estuviera Dios, o, donde estuviera Dios, no hubiera amor, en los dos casos estaríamos ante la Mentira. En este punto, Juan se pronuncia con una radicalidad que asusta y espanta.

Aquel que dice: yo amo a Dios,

y se desentiende de su hermano,

es un mentiroso.

¿Cómo será posible amar a Dios,

a quien no se ve,

si no se ama al hermano

a quien se ve?

El mismo Señor nos ordenó:

el que ama a Dios

ame también a su hermano (1 Jn 4, 20).

El amor siempre está en tensión porque extiende sus alas sobre dos polos. Comienza por abrirse hacia su interior. Es la fase implosiva: primero explota para dentro.

Todavía no había días ni distancias, y en el misterioso Hogar trinitario, las tres divinas personas originaban las relaciones, y las relaciones originaban las personas, en un circuito perpetuo de vida. Una corriente vital envolvía y penetraba, y de tal manera unificaba a las tres personas que todo era común entre ellas: poder, sabiduría, amor.

Esta vitalidad inefable e infinita surgía desde los abismos insondables, atravesaba e irrigaba, como un río, las tres santas personas; en sus aguas se miraban, se conocían y se amaban, y así, los tres eran UNO. De esta manera, en la quieta tarde de la eternidad, el amor fue un incendio que se consumió para adentro, acumulando una infinita carga implosiva.

• • •

Y cuando fue tanta la acumulación, no pudo contenerse y Dios comenzó a abrirse hacia fuera: es decir, vino la fase explosiva. Siempre sucede lo mismo: la potencia expansiva del amor es de la misma medida que su potencia implosiva.

Y Dios se salió de sus "fronteras", y se derramó en diferentes tiempos y maneras. Acompañó al hombre sobre la arena del desierto. De día lo cubría contra los rayos solares. De noche, para evitarle el temor, tomaba la forma de una brillante antorcha de estrellas. El Señor plantó su tienda cerca del hombre, en viaje, junto a las palmeras. Se transformó, además, en espada y trompeta en boca de los profetas. Hizo proezas increíbles.

Después de tanta cosa, cuando los tiempos llegaron a su

madurez, rebasó toda imaginación, entregándonos lo que más quería: su Hijo.

• • •

Los suyos tenían vivísima impresión: el Maestro, por encima de todo, había amado. Por eso, entendieron perfectamente cuando les dijo que se amaran como Él los había amado (Jn 13, 34). Amó con ternura y simplicidad a los humildes niños (Mt 19, 14), a uno de ellos lo tomó en sus brazos (Mt 9, 36 ss.).

Como Jesús, que fue afectuoso con Marta, María y Lázaro (Jn 11, 1 ss.); antes de morir, a los suyos los trató de "amigos" (Jn 15, 15), pero después de resucitar, los llama "hermanos" (Jn 20, 17). Al mismo traidor lo recibe con un beso y una palabra de amistad (Mt 26, 50).

Como Jesús, que a un paralítico desconocido lo llama afectuosamente "hijo" (Mc 2, 5), e "hija" a la mujer hemorroísa (Mt 9, 22). Amó a su pueblo tan profundamente que, viéndolo perdido, no le quedó otra solución que lamentarse y llorar (Lc 13, 34).

Como Jesús, que inventó mil formas y maneras para expresar su amor, porque el amor es ingenioso (Mc 10, 45; Mt 20, 28). En aquella brutal ironía hay un enorme fondo de verdad: "A otros ha salvado; a sí mismo no puede (quiere) salvarse" (Mc 15, 31). Trajo de parte del Padre un solo encargo: "Como me amó mi Padre, os he amado yo a vosotros. ¡Permaneced en mi amor!" (Jn 15, 9).

Debió emocionar tan profundamente este amor de Jesús, que los testigos nos transmitieron ese recuerdo, grabado en frases lapidarias: "Dios ha amado tanto al mundo, que le dio a su Hijo Ungénito" (Jn 3, 16); "Me amó y se entregó a la muerte por mí" (Ga 2, 20); ha habido en los últimos tiempos una explosión "de la benignidad y amor de nuestro Salvador a los hombres" (Tt 3, 4).

• • •

Sobre las cumbres de la montaña sagrada, con sus manos y pies llagados, Francisco de Asís no hacía más que gritar bajo las estrellas a las soledades cósmicas: "¡El Amor no es amado, el Amor no es amado!" En esos momentos, Francisco era un hombre incendiado por la proximidad ardiente de Dios, el hombre que siente una insoportable tortura al comprobar que tanta grandeza es desconocida y olvidada. Medía las exactas dimensiones de la distancia.

Su confidente y secretario, fray León, le alargó un tosco papelito diciéndole: "Hermano Francisco, escribe aquí lo que en este momento sientes de Dios." Y Francisco, con su derecha llagada escribió, con dolor y dificultad, las siguientes palabras:

"Tú eres santo, Señor Dios único, que haces maravillas.
Tú eres fuerte, Tú eres grande, Tú eres altísimo.
Tú eres el Bien, todo Bien, sumo Bien,
Señor Dios vivo y verdadero.
Tú eres caridad y amor, Tú eres sabiduría.

Tú eres humildad, Tú eres paciencia, Tú eres seguridad.

Tú eres quietud, Tú eres gozo, Tú eres alegría.

Tú eres hermosura, Tú eres mansedumbre.

Tú eres protector, custodio y defensor.

Tú eres nuestra fortaleza y nuestra esperanza.

Tú eres nuestra gran dulzura.

Tú eres nuestra vida eterna, grande y admirable, Señor."

I. L.

CARGOS

El Dios del Océano replicó:
"¿Acaso puedes hablar del mar
a una rana en un pozo?
¿Puedes hablar del hielo
a una libélula?
¿Puedes hablar acerca del camino de la Vida
a un doctor en filosofía?

De todas las aguas del mundo,
el océano es la mayor.
Todos los ríos van a verterse en él
día y noche.
Jamás se llena,
devuelve sus aguas
día y noche;
jamás se vacía.
En épocas de sequía,
no baja el nivel.
En tiempos de inundaciones,
no aumenta.
¡Más grande que todas las demás aguas!
¡No existe medida para decir
cuánto más grande!
¿Pero estoy orgulloso de ello?
¿Qué soy yo bajo el cielo?
¿Qué soy yo sin el Yang o el Yin?
Comparado con el cielo,
soy una roca diminuta,

una achaparrado roble
en la ladera de una montaña.
¿Debería acaso actuar
como si fuera algo?"

De todos los seres que existen (y hay millones), el hombre no es más que uno. De entre los millones de hombres que viven en la Tierra, la gente civilizada que vive del cultivo es tan sólo una pequeña proporción. Menores aún son los números de aquellos que, teniendo cargo o fortuna, viajan en carruaje o en barco. Y, de todos éstos, un hombre en su carruaje no es más que la punta de un pelo en el costado de un caballo. ¿Por qué, entonces, tanto alboroto en torno a los grandes hombres y los grandes cargos? ¿Por qué tantas disputas entre eclesiásticos? ¿Por qué tanta pugna entre políticos?

T. M.

EL CERDO PARA EL SACRIFICIO

El Gran Augur, que sacrificaba cerdos y leía presagios en el sacrificio, apareció vestido con sus largas túnicas oscuras en la pocilga y se dirigió a los cerdos de la siguiente manera: "He aquí el consejo que os doy. No os quejéis por tener que morir. Dejad de lado vuestras objeciones, por favor. Tened en cuenta que yo os alimentaré con granos selectos durante tres meses. Yo mismo tendré que observar una estricta disciplina durante diez días y ayunar durante tres. Después extenderé alfombras de hierba y ofreceré vuestros jamones y vuestras paletillas sobre fuentes, delicadamente talladas, con gran ceremonia. ¿Qué más queréis?"

Después, reflexionando, consideró la cuestión desde el punto de vista de los cerdos: "Por supuesto, supongo que preferiríais alimentaros de comida grosera y ordinaria, y que os dejaran en paz en vuestras pocilgas."

Pero de nuevo, viéndolo desde su propio punto de vista, contestó: "¡No, definitivamente no existe un tipo más noble de existencia! Vivir honrado, recibir el mejor de los tratos, montar en una carroza con magníficos ropajes, a pesar de que en cualquier momento uno pueda caer en desgracia y ser ejecutado; ése es el noble, aunque incierto, destino que he elegido."

De modo que optó en contra del punto de vista de los cerdos y adoptó su propio punto de vista, tanto para él como para los cerdos.

¡Qué afortunados aquellos cerdos, cuya existencia fue así ennoblecida por alguien que era, a la vez, una autoridad del Estado y un ministro de la religión!

T. M.

EL BOTE VACÍO

Aquel que gobierna sobre los hombres vive
    en la confusión.
Aquel que es gobernado por hombres vive
    en el dolor.
Por tanto, Yao deseaba
no influir en los demás
ni ser influenciado por ellos.
El camino para apartarse de la confusión

y quedar libre del dolor
es vivir en el Tao,
en la tierra del gran Vacío.

Si un hombre está cruzando un río,
y un bote vacío choca con su esquife,
por muy mal genio que tenga
no se enfadará demasiado;
pero, si ve en el bote a un hombre,
le gritará que se aparte.
Si sus gritos no son escuchados, volverá a gritar,
una y otra vez, y empezará a maldecir.
Y todo porque hay alguien en el bote.
No obstante, si el bote estuviera vacío,
no estaría gritando, ni estaría irritado.

Si uno puede vaciar el propio bote,
que cruza el río del mundo,
nadie se le opondrá,
nadie intentará hacerle daño.

El árbol derecho es el primero en ser talado,
el arroyo de aguas claras es el primero en ser
    agotado.
Si deseas engrandecer tu sabiduría
y avergonzar al ignorante,
cultivar tu carácter
y ser más brillante que los demás,
una luz brillará en torno a ti
como si te hubieras tragado el Sol y la Luna:
no podrás evitar las calamidades.

Un hombre sabio ha dicho:
"Aquel que está contento consigo mismo
ha realizado un trabajo carente de valor.
El éxito es el principio del fracaso.
La fama es el comienzo de la desgracia."

¿Quién puede liberarse del éxito
y de la fama, descender y perderse
entre las masas de los hombres?
Fluirá como el Tao, sin ser visto,
se moverá con la propia Vida
sin nombre ni hogar.
Él es simple, sin distinciones.
Según todas las apariencias, es un tonto.
Sus pasos no dejan huella. No tiene poder alguno.
No logra nada, carece de reputación.
Dado que no juzga a nadie,
nadie lo juzga.
Así es el hombre perfecto:
su bote está vacío.

T. M.

LA HUIDA DE LIN HUI

Lin Hui de Kia emprendió la huida.
Perseguido por enemigos,
tiró todos los preciosos símbolos
de jade de su rango

y se echó a la espalda a su hijo pequeño.
¿Por qué cogió al niño
abandonando el jade
que valía una pequeña fortuna,
mientras que el niño, de venderlo,
sólo le proporcionaría una suma miserable?

Lin Hui dijo:
"Mi atadura al símbolo de jade
y a mi cargo
era la atadura del egoísmo.
Mi atadura al niño
era la atadura del Tao.

Allí donde el egoísmo es la atadura,
se disuelve la amistad
cuando la calamidad llega.
Allí donde el Tao es la atadura,
la amistad se hace perfecta
por medio de la calamidad.

La amistad de los hombres sabios
es insípida como el agua.
La amistad de los tontos
es dulce como el vino.
Pero la insipidez de los sabios
trae consigo un afecto verdadero,
y el sabor de la compañía de los tontos
acaba convirtiéndose en odio."

T. M.

EL BÚHO Y EL FÉNIX

Hui Tzu era el primer ministro de Liang. Estaba en posesión de información, que creía de buena fuente, de que Chuang Tzu aspiraba a su puesto y estaba intrigando para suplantarlo. De hecho, cuando Chuang Tzu fue a visitar a Liang, el primer ministro mandó a la policía para prenderlo. La policía lo anduvo buscando tres días y tres noches, pero mientras tanto Chuang se presentó ante Hui Tzu por su propia cuenta y dijo:

"¿Has oído hablar del ave
que vive en el sur,
el fénix que jamás envejece?

Este fénix inmortal
surge del Mar del Sur
y vuela hasta el Mar del Norte
sin posarse jamás,
excepto en ciertos árboles sagrados.
Jamás prueba bocado
salvo la más exquisita
fruta exótica.
Tan sólo bebe
de los más límpidos arroyos.

Una vez, un búho
que roía una rata muerta,
ya medio podrida,
vio al fénix volar sobre él,
miró hacia lo alto,

y chilló alarmado,
aferrándose a la rata,
aterrado y sin esperanza.

¿Por qué te aferras tan frenéticamente
a tu ministerio
y me chillas
con tanta consternación?"

T. M.

LA TORTUGA

Chuang Tzu, con su caña de bambú,
pescaba en el río Pu.

El príncipe de Chu
mandó a dos vicecancilleres
con un documento oficial:
"Por la presente queda usted nombrado
primer ministro."

Chuang Tzu cogió su caña de bambú.
Observando aún el río Pu,
dijo:
"Tengo entendido que hay una tortuga sagrada,
ofrecida y canonizada
hace tres mil años,
que es venerada por el príncipe,

envuelta en sedas,
en un precioso relicario
sobre un altar,
en el Templo.

¿Qué creen ustedes:
es acaso mejor otorgar la propia vida
y dejar atrás una concha sagrada
como objeto de culto
en una nube de incienso
durante tres mil años,
o será mejor vivir
como una tortuga vulgar
arrastrando su rabo por el cieno?"

"Para la tortuga —dijo el vicecanciller—,
será mejor vivir
y arrastrar la cola por el cieno."

"¡Váyanse a casa! —dijo Chuang Tzu—.
¡Déjenme aquí
para arrastrar mi cola por el cieno!"

T. M.

KENG SAN CHU

El maestro Keng Sang Chu, discípulo de Lao Tzu, se hizo famoso por su sabiduría, y la gente de Wei-lei comenzó a venerarlo como a un sabio. Él esquivó sus homenajes y rechazó sus regalos. Se mantuvo escondido y no les permitía ir a verlo. Sus discípulos discutieron con él y dijeron que, desde los tiempos de Yao y Shun, era tradicional que los hombres sabios aceptaran la veneración, ejerciendo así una buena influencia. El maestro Keng replicó:

"Venid aquí, hijos míos, escuchad esto.
Si una bestia lo suficientemente grande
*   para tragarse un carro*
abandonara su bosque de la montaña,
jamás escaparía a la trampa del cazador.
Si un pez lo suficientemente grande como
para tragarse un bote
deja que la marea baja lo deje varado
*   en la arena,*
entonces hasta las hormigas podrán destruirlo.
Así que las aves vuelan por las alturas,
las bestias permanecen
*   en soledades sin caminos,*
Se mantienen ocultas de la vista; y los peces
y las tortugas se sumergen
hasta el mismo fondo.
El hombre que tiene algo de respeto
*   por su persona*
mantiene su carcasa alejada de la vista,
se esconde tan perfectamente como puede.
En cuanto a Yao y Shun: ¿por qué alabar a tales
*   reyes?*
¿Qué bien hizo su moralidad?
Hicieron un agujero en la pared
y lo dejaron llenarse de zarzas.
Numeraban los pelos de su cabeza

antes de peinarlos.
Contaban cada grano de arroz
antes de cocinar su cena.
¿Qué bien le hicieron al mundo
con sus escrupulosas distinciones?
Si los virtuosos son honrados,
el mundo se llenará de envidias.
Si el hombre inteligente es premiado,
el mundo se llenará de ladrones.
No puede hacer buenos u honestos
    a los hombres
alabando la virtud y el conocimiento.
Desde los días del piadoso Yao y el virtuoso
    Shun,
todo el mundo ha estado intentando hacerse
    rico:
un hijo es capaz de matar a su padre
    por dinero;
un ministro, de matar a su soberano
para satisfacer su ambición.
A plena luz del día se roban los unos a los otros,
a medianoche derriban paredes:
la semilla de todo esto fue plantada
en tiempos de Yao y Shun.
Sus ramas crecerán durante un millar de eras
y de aquí a mil eras
¡los hombres se estarán comiendo crudos
los unos a los otros!"

T. M.

VIOLENTANDO CAJAS FUERTES

Como garantía contra los ladrones que roban bolsos,
desvalijan equipajes y revientan cajas fuertes,
uno debe asegurar todas las propiedades
con cuerdas, cerrarlas con candados,
acerrojarlas con cerrojos.
Esto (para los propietarios) es del más elemental
*   sentido común.*
Pero, cuando aparece un ladrón fuerte, se lleva todo,
se lo echa a la espalda y sigue su camino, con un
*   solo temor:*
que cedan las cuerdas, candados y cerrojos.
Así, lo que el mundo llama buen negocio no es más
*   que una forma*
de amasar un botín, empaquetarlo y asegurarlo,
formando una carga cómoda para los ladrones
*   más audaces.*
¿Quién hay, entre los llamados inteligentes,
que no desperdicie su tiempo amasando un botín
para un ladrón mayor que él?

· · ·

En la tierra de Khi, de pueblo a pueblo,
se podía oír el canto de los gallos, el ladrido de los perros.
Los pescadores lanzaban sus redes,
los campesinos araban los anchos campos,
todo estaba pulcramente señalado

con líneas de demarcación. En quinientas millas
  cuadradas
había templos para los antepasados, altares
para los dioses de los campos y espíritus del grano.
Cada cantón, condado y distrito
era gobernado con arreglo a las leyes y estatutos...
Hasta que una mañana el fiscal general,
  Tien Khang Tzu,
liquidó al rey y se apoderó de todo el Estado.
¿Quedó acaso conforme con robar la tierra? No,
se apoderó también de las leyes y de los estatutos,
y con ellos de todos los abogados, por no mencionar
  a la policía.
Todos formaban parte del mismo paquete.
Por supuesto, la gente llamaba ladrón a Khang Tzu,
pero lo dejaban tranquilo
viviendo tan feliz como los Patriarcas.
Ningún pequeño Estado levantaba la voz contra él,
ningún gran Estado hizo el más mínimo movimiento
  en su contra.
Así que durante doce generaciones el estado de Khi
perteneció a su familia. Nadie interfirió
sus derechos inalienables.
El invento
de los pesos y medidas
hace más fácil el robo.
La firma de contratos, la implantación de sellos
hacen más seguro el robo.
Enseñar amor y obligaciones
suministra un lenguaje adecuado
con el cual demostrar que el robo
es en realidad para el bien de todos.

Un hombre pobre ha de ser ahorcado,
por robar una hebilla de cinturón,
pero si un hombre rico roba todo un Estado,
es aclamado
como el estadista del año.

De modo que, si queréis escuchar los mejores
        discursos
sobre el amor, el deber, la justicia, etc.,
escuchad a los hombres de Estado.
Pero, cuando el arroyo se seca,
nada crece en el valle.
Cuando el montículo se aplana,
el hueco junto a él se llena.
Y, cuando los hombres de Estado y los abogados
y los predicadores del deber desaparecen,
no hay tampoco más robos
y el mundo queda en paz.

Moraleja: cuanto más acumules principios éticos
y deberes y obligaciones,
para meter en cintura a todo el mundo,
más botín acumulas
para los ladrones como Khang.
Por medio de argumentos éticos
y principios morales,
se demuestra finalmente que los mayores crímenes
eran necesarios, y que de hecho
fueron un señalado beneficio
para la humanidad.

T. M.

HUIDA DE LA BENEVOLENCIA

Hsu Yu se encontró con un amigo al abandonar la capital, en la carretera principal, en dirección a la frontera más cercana.

"¿Dónde vas?", le preguntó el amigo.

"Dejo al rey Yao. Está tan obsesionado con la idea de la benevolencia, que temo que al final ocurra algo ridículo. En cualquier caso, sea divertido o no, este tipo de cosas terminan con las personas devorándose crudas las unas a las otras.

De momento, hay una gran oleada de solidaridad. El pueblo cree que es amado y responde con entusiasmo. Están todos apoyando al Rey, porque piensan que los está haciendo ricos. Las alabanzas no cuestan dinero, y están todos compitiendo a ver quién obtiene más favores. Pero pronto habrán de aceptar algo que no les guste y todo se vendrá abajo.

Cuando la justicia y la benevolencia flotan en el aire, unas cuantas personas están realmente preocupadas por el bienestar de los demás, pero la mayoría son conscientes de que es un buen momento, maduro para ser explotado. Sacan partido de la situación. Para ellos, la benevolencia y la justicia son trampas para cazar pájaros. Así, la benevolencia y la justicia quedan rápidamente asociadas al fraude y la hipocresía. Por ello todo el mundo empieza a dudar. Y es entonces cuando realmente empiezan los problemas.

El rey Yao sabe hasta qué punto benefician a la nación los funcionarios probos y rectos, pero no sabe el daño que proviene de su rectitud: son un frente tras el cual los sinvergüenzas operan con más seguridad. Pero hay que ver esta situación con objetividad para darse cuenta.

Hay tres clases de personas para considerar: los *hombres del sí*, los *chupadores de sangre* y los *operadores*.

Los *hombres del sí* adoptan la línea de algún líder político y repiten sus afirmaciones de memoria, imaginándose que saben algo, confiados en que van a alguna parte y completamente satisfechos del sonido de sus propias voces. Son unos completos estúpidos. Y, dado que son estúpidos, se someten de esta manera a la manera de hablar de otro hombre.

Los *chupadores de sangre* son como parásitos sobre una cerda. Se apelotonan allá donde las cerdas son escasas, y este lugar se convierte en parque y palacio. Se deleitan con las grietas, entre los dedos de la cerda, en torno a las articulaciones y las ubres, o debajo del rabo. Allí se hacen fuertes y se imaginan que no podrán ser expulsados por ningún poder del mundo. Pero no se dan cuenta de que un día llegará el carnicero con cuchillo y oscilante hoz. Recogerá paja seca y le pegará fuego para quemar las cerdas y abrasar a los parásitos. Tales parásitos aparecen al aparecer la cerda y desaparecen cuando la cerda es sacrificada.

Los *operadores* son hombres como Shun.

La carne de carnero no se siente atraída por las hormigas, pero las hormigas se sienten atraídas por la carne del carnero porque es maloliente y rancia. Así, Shun era un operador vigoroso y con éxito, y a la gente le gustaba por eso. Tres veces se desplazó de ciudad en ciudad, y cada vez su nueva casa se convertía en capital. Finalmente se mudó a la selva, y hubo cien mil familias que se mudaron con él para colonizar el lugar.

Finalmente, Yao propuso la idea de que Shun debería irse al desierto a ver qué partido podía sacar de *aquello*. Aunque por aquel entonces Shun era ya un hombre viejo y su mente se iba debilitando, no podía negarse. No fue capaz de retirarse. Había olvidado cómo detener su carro. Era un operador, ¡y nada más!

El hombre de espíritu, por otra parte, detesta ver que la gente se reúne a su alrededor. Evita a la multitud. Porque, allí donde hay muchos hombres, existen también muchas opiniones y pocos acuerdos. No se puede ganar nada de un montón de medio idiotas que están condenados a acabar peleando el uno contra el otro.

El hombre de espíritu ni es muy íntimo de nadie ni demasiado distante. Se mantiene interiormente consciente, y conserva su equilibrio de tal forma que no está en conflicto con nadie. ¡Éste es tu hombre verdadero! Él deja que las hormigas sean listas. Él deja que el carnero apeste de actividad. Por su parte, imita al pez que nada indiferente, rodeado de un elemento amigo y ocupándose de sus asuntos.

El hombre de verdad ve lo que ve el ojo y no le añade nada que no esté ahí. Oye lo que oyen sus oídos y no detecta sobretonos imaginarios. Comprende las cosas en su interpretación obvia y no se ocupa de ocultos significados y misterios. Su camino es, por lo tanto, una línea recta. Y, no obstante, está capacitado para cambiar de dirección en cuanto las circunstancias así lo aconsejen.

T. M.

SABIDURÍA

¿Cómo habla Dios en nosotros?

SENDEROS DE SABIDURÍA

Quien no sabe decir "yo", nunca sabrá decir "tú". Perdonar a los demás es relativamente fácil. Perdonarse a sí mismo es mucho más difícil.

Es imposible descubrir y aceptar el misterio del hermano, si antes no se ha descubierto y aceptado el misterio de sí mismo. Los que siempre se mueven en la superficie, jamás sospecharán los prodigios que se esconden en las raíces. Cuanto más exterioridad, menos persona. Cuanto más interioridad, más persona.

• • •

Yo soy yo mismo. En esto consiste, y aquí está el origen de toda la sabiduría: en saber que sabemos, en pensar que pensamos, en captarnos simultáneamente como sujeto y objeto de nuestra experiencia.

No se trata de hacer una reflexión autoanalítica, ni de pensar o pesar mi capacidad intelectual, mi estructura temperamental, mis posibilidades y limitaciones. Eso sería como partir la conciencia en dos mitades: una que observa y otra que es observada.

Cuando nosotros entendemos, siempre hay un alguien que piensa, y un algo sobre lo que se extiende la acción pensante. El sujeto se proyecta sobre el objeto. Pero en nuestro caso presente sucede otra cosa: el sujeto y el objeto se identifican. Es algo simple y posesivo. Yo soy el que percibo, y lo percibido soy yo mismo también. Es un doblarse de la conciencia sobre sí misma. Yo soy yo mismo.

El sentido de vida para un religioso es, sin duda, Dios mismo. En la flor de su juventud, el religioso se dejó seducir por la personalidad de Jesucristo, se convenció de que Cristo era una causa que valía la pena, renunció a otras opciones y dijo: Jesucristo, mi Señor, me embarco contigo; vámonos a alta mar, y sin retorno. ¡Hasta la otra orilla!

Desde aquel día, Dios fue, para él, fortaleza en la debilidad, consuelo en la desolación, todos sus deseos se colmaron, todas sus regiones se cubrieron de Presencia, todas sus capacidades se transformaron en plenitudes y... la ansiedad fue desterrada para siempre.

El único problema del religioso es que Dios sea, en él y para él, verdaderamente vivo. Si esta condición se cumple, podrán amenazar a este hombre los fracasos, las enfermedades y la muerte. Pero nunca la ansiedad. Dios lo liberó del supremo mal: el vacío de la vida.

● ● ●

La vida no se nos da hecha y acabada, como un traje. La vida, yo la tengo que vivir, o tiene que ser vivida por mí, es decir, es un problema. El hombre es el ser más inválido e indigente de la creación. Los demás seres no se hacen problemas. Toda su vida está solucionada por medio de los mecanismos instintivos. Un delfín, una serpiente o un cóndor se sienten "en armonía" con la naturaleza toda, mediante un conjunto de energías instintivas, afines a la Vida.

Los animales viven gozosamente sumergidos "en" la naturaleza, como en un hogar, en una profunda "unidad" vital con los demás seres. Se sienten plenamente realizados —aunque no tengan conciencia de ello— y nunca experimentan la insatisfacción. No saben de frustración ni de aburrimiento.

El hombre "es", experimentalmente, conciencia de sí mismo. Al tener conciencia de sí mismo, el hombre toma en cuenta y mide sus propias limitaciones, sus impotencias y posibilidades. Esta conciencia de su limitación perturba su paz interior, aquella gozosa armonía en la que viven los otros seres que están más abajo en la escala vital.

Al comparar las posibilidades con las impotencias, el hombre comienza a sentirse angustiado. La angustia lo sume en la frustración. La frustración lo lanza a un eterno caminar, a la conquista de nuevas rutas y nuevas fronteras.

La razón, dice Fromm, es para el hombre, al mismo tiempo, su bendición y su maldición.

• • •

En el Evangelio, Jesús nos señala la ruta para este "paso" con la fórmula penitencial "cambiad vuestros corazones" (Mc 1, 15; Mt 4, 17). Pero el Sermón de la Montaña es la estrategia más profunda de liberación de las esclavitudes y exigencias del egoísmo.

Es un programa dictado en lo alto del monte, voceado a todos los vientos, recogido por sus oyentes muchos años más tarde, proclamado en el estilo libre de exclamaciones. Todo eso dificulta el captar con exactitud el sentido de su mensaje liberador.

Pero, aun así vemos que en el Sermón de la Montaña está perfectamente delineado el procedimiento de liberación, y su meta final que es el Amor. Efectivamente, en su primera parte se nos habla de la pobreza de espíritu, de la humildad de corazón, de la paciencia, de la mansedumbre, del perdón... Todo ello está significando que las exigencias idolátricas del yo han sido negadas (Mt 16, 24), incluso reprimidas (Mt 11, 12), y de esta manera, las violencias interiores han sido calmadas. Y, una vez que esas energías han sido liberadas, desatadas y desencadenadas de ese yo inflado por las ilusiones y los sueños, se transforman automáticamente en amor. Y ahora sí, en la segunda parte del Sermón de la Montaña, podremos utilizar esas energías egoístas, transformadas ya en amor, al servicio de la fraternidad:

~ hacer el bien a los que nos hacen el mal (Mt 5, 38-42),

~ perdonar a los que nos ofenden (Mt 6, 12),

~ hacer las paces antes de la ofrenda (Mt 5, 23-25),

~ corregir al hermano (Mt 18, 15),

~ hacer el bien sin buscar la gratitud ni la recompensa (Lc 6, 35),

~ presentar la otra mejilla (Lc 6, 29),

~ amar universalmente, y no sólo a los que nos aman (Lc 6, 32).

En resumen, penitencia es un incesante "pasar" del egoísmo al amor.

• • •

El hombre es, esencial y prioritariamente, soledad, en el sentido de que yo me siento como único, inédito e irrepetible, en el sentido de mi singularidad, de mi mismidad. Sólo yo mismo, y sólo una vez.

Buber dice estas palabras:

Cada persona que viene a este mundo constituye algo nuevo, algo que nunca había existido antes.

Cada hombre tiene el deber de saber que no ha habido nunca nadie igual a él en el mundo, ya que, si hubiera habido otro como él, no habría sido necesario que naciese.

Cada hombre es un ser nuevo en el mundo, llamado a realizar su particularidad.

• • •

Al conseguir la percepción de sí mismo, uno queda como dominado por la sensación de que yo soy diferente a todos los demás. Y, al mismo tiempo, me experimento algo así como un circuito cerrado, con una viva evidencia de que la conciencia de mí mismo jamás se repetirá.

Soy, pues, alguien singular, absoluto e inédito. ¡Hemos tocado el misterio del hombre!

Cuando nosotros decimos el pronombre personal "yo", pronunciamos la palabra más sagrada del mundo, después de la palabra "Dios". Nadie, en la historia del mundo, se experimentará como yo. Y yo nunca me experimentaré como los demás. Yo soy uno y único. Los demás, por su parte, son así mismo.

Nosotros podemos tener hijos. Al tenerlos, nos reproducimos en la especie. Pero no podemos reproducirnos en nuestra individualidad. No puedo repetirme, a mí mismo, en los hijos.

I. L.

EL FUNERAL DE CHUANG TZU

Cuando Chuang Tzu estaba al borde de la muerte, sus discípulos empezaron a planear un espléndido funeral.

Pero él dijo: "Tendré como ataúd el Cielo y la Tierra; el Sol y la Luna serán los símbolos de jade que pendan junto a mí; los planetas y las constelaciones brillarán como joyas a mi alrededor, y todos los seres estarán presentes como comitiva fúnebre en mi velatorio. ¿Qué más hace falta? ¡Todo está suficientemente dispuesto!"

Pero ellos dijeron: "Tememos que los cuervos y los milanos devoren a nuestro Maestro."

"Bien —dijo Chuang Tzu—, sobre la tierra seré devorado por cuervos y milanos; debajo de ella, por hormigas y gusanos. En cualquier caso, seré devorado. ¿Por qué tanta parcialidad contra las aves?"

T. M.

LA LEY INTERIOR

Aquel cuya ley está dentro de sí mismo
camina oculto.
Sus actos no se ven influenciados
por aprobaciones o desaprobaciones.
Aquel cuya ley está fuera de sí mismo

dirige su voluntad hacia lo que está
más allá de su control
y busca
extender su poder
sobre los objetos.

¿Aquel que camina escondido
tiene luz para guiarlo
en todos sus actos.
¿Aquel que busca extender su control
no es más que un operador.
Mientras cree que está
superando a otros,
los otros lo ven tan sólo
esforzarse, estirarse,
para ponerse de puntillas.

Cuando intenta extender su poder
sobre los objetos,
esos objetos ganan control
sobre él.
¿Aquel que se ve controlado por objetos
pierde la posesión de su ser interior.
Si ya no se valora a sí mismo,
¿cómo puede valorar a otros?
Si ya no valora a los otros,
queda abandonado.
¡No le queda nada!

¡No hay arma más mortífera que la voluntad!
¡Ni la más afilada de las espadas
puede comparársele!

No hay ladrón más peligroso
que la Naturaleza (Yang y Yin).
Y aun así no es la Naturaleza
la causante del daño:
¡es la propia voluntad del hombre!

T. M.

EL GALLO DE PELEA

Chi Hsing Tzu era un entrenador de gallos de pelea
empleado por el rey Hsuan.
Estaba entrenando un ave magnífica.
El rey no hacía más que preguntar si el ave estaba
preparada para combatir.
"Aún no —dijo el entrenador—.
Está llena de fuego,
dispuesta a pelear
con cualquier otra ave. Es vanidosa y confía
en su propia fuerza."
Diez días más tarde, contestó de nuevo:
"Aún no. Explota
en cuanto oye cantar a otra ave."
Diez días más tarde:
"Aún no. Todavía se le pone
ese gesto iracundo
e hincha las plumas."
De nuevo, diez días,
el entrenador dijo: "Ahora ya está casi listo.

Cuando canta otro gallo, sus ojos
ni siquiera parpadean.
Se mantiene inmóvil
como un gallo de madera.
Es un luchador maduro.
Las demás aves
lo mirarán una sola vez
y echarán a correr."

T. M.

CUANDO EL ZAPATO SE ADAPTA

Ch'ui, el diseñador,
era capaz de trazar círculos más perfectos
a mano alzada
que con un compás.

Sus dedos hacían brotar
formas espontáneas de la nada. Su mente
estaba, mientras tanto, libre y sin preocupaciones
acerca de lo que estaba haciendo.

No le era necesario aplicarse, pero
su mente era perfectamente simple
y desconocía obstáculo alguno.

Al igual que, cuando el zapato se adapta,
se olvida el pie;

cuando el cinturón se adapta,
se olvida el estómago;
cuando el corazón está bien,
el pro y el contra se olvidan.

Sin inclinaciones, sin compulsiones,
sin necesidades, sin atracciones;
entonces los asuntos de uno
están bajo su control
y uno se convierte en un hombre libre.
Tomárselo todo con calma es correcto. Empieza
correctamente
y estarás en calma.
Continúa con calma y estarás en lo correcto.
La manera correcta de tomárselo todo con calma.
es olvidarse del camino correcto
y olvidarse de que seguirlo es fácil.

T. M.

¿DÓNDE ESTÁ EL TAO?

El maestro Tung Kwo le preguntó a Chuang:
"Muéstrame dónde se encuentra el Tao."
Chuang Tzu replicó:
"No hay lugar alguno donde no se encuentre."
El primero insisitió:
"Muéstrame al menos algún lugar concreto
donde se encuentre el Tao."
"Está en la hormiga", dijo Chuang.

"¿Está en algún ser inferior?"

"Está en los hierbajos."

"¿Puedes seguir descendiendo en la escala
de las cosas?"

"Está en este trozo de baldosín."

"¿Y aún más?"

"Está en este excremento."

Ante esto, Tung Kwo no tuvo nada más que decir.
Pero Chuang continuó: "Ninguna de tus preguntas
es relevante. Son como las preguntas
de los inspectores del mercado
que comprueban el peso de los cerdos
palpándoles las partes más delgadas.
¿Por qué buscar el Tao bajando la 'escala del ser'
como si aquello que llamamos 'ínfimo'
tuviera menos Tao?
El Tao es Grande en todas las cosas,
Completo en todas, Universal en todas,
Total en todas. Estos tres aspectos
son distintos, pero la Realidad es una.
Por lo tanto, ven conmigo
al palacio de Ninguna Parte
donde toda la multitud de cosas son Una;
donde por fin podamos hablar
de lo que no tiene limitación ni final.
Ven conmigo a la tierra del No-Hacer.
¿Qué debemos decir allí? ¿Que el Tao
es simplicidad, quietud,
indiferencia, pureza,
armonía y serenidad?
Todos estos nombres me dejan
    indiferente,

porque sus distinciones han desaparecido.
Mi voluntad carece de objetivo allí.
Si está en Ninguna Parte, ¿cómo iba a ser
  consciente de ella?
Si se va y vuelve, no sé
dónde ha estado descansado. Si vaga
primero por aquí y luego por allá,
no sé adónde irá a parar
  al final.
La mente queda indecisa en el gran Vacío.
Allí, el más alto conocimiento
queda liberado. Aquello que da a las cosas
su razón de ser no puede ser delimitado
  por las cosas.
De modo que, cuando hablamos de 'límites',
permanecemos confinados
  a cosas limitadas.
El límite de lo ilimitado se llama 'plenitud'.
La carencia de límites de lo limitado se llama 'vacío'.
El Tao es el origen de ambos. Pero él mismo no es
ni la plenitud ni el vacío.
El Tao produce tanto la renovación como
  la descomposición,
pero no es ni renovación ni descomposición.
Causa el ser y el no-ser,
pero no es ni ser ni no-ser.
Tao une y destruye,
pero no es ni la Totalidad ni el Vacío."

T. M.

PLENITUD

"¿Cómo puede el verdadero hombre de Tao
atravesar paredes sin obstáculo,
mantenerse en medio del fuego sin quemarse?"

No a causa de su astucia
o su audacia;
no porque haya aprendido
sino porque ha desaprendido.

Todo aquello que está limitado por medio
       de la forma,
aspecto, color, sonido,
es llamado objeto.
De entre todos ellos, tan sólo el hombre
es más que un objeto.
Aunque, como los objetos, tiene forma
       y aspecto,
no se ve limitado a la forma. Es más.
Puede lograr ser sin-forma.

Cuando está más allá de la forma y el aspecto.
más allá de "esto" y de "aquello",
¿cómo se lo puede comparar con otro objeto?
¿Dónde está el conflicto?
¿Qué puede obstruir su camino?

Reposará en su lugar eterno,
que es el no-lugar.

Estará escondido
en su propio e insondable secreto.
Su naturaleza profundiza hasta la raíz
    en el Uno.
Su vitalidad, su poder
se esconden en el Tao secreto.
Cuando es todo uno,
no hay falla en él
por la cual pueda entrar una cuña.
Igualmente un hombre borracho, al caer
de un carro,
queda contusionado pero no destruido.
Sus huesos son como los huesos de los demás
    hombres,
pero su caída es diferente.
Su espíritu es completo. No es consciente
de haber subido a un carro,
ni de haberse caído de él.

La vida y la muerte no significan nada para él.
Desconoce la alarma, se encuentra con los
    obstáculos
sin pensar, sin preocupaciones,
los enfrenta sin saber que están ahí.

Si existe tal seguridad en el vino,
cuánta más habrá en el Tao.
El hombre sabio está escondido en el Tao,
nada puede tocarlo.

T. M.

LA ACCIÓN Y LA NO-ACCIÓN

La no-acción del hombre sabio no es inacción.
No es nada estudiado. No se ve alterada por nada.
El sabio está tranquilo porque no se ve movido,
no porque quiere estar tranquilo.
El agua tranquila es como el cristal.
Puedes mirarte en ella y ver la barba de tu mentón.
Es un nivel perfecto:
podría usarlo el carpintero.
Si el agua es tan clara, tan nivelada,
¿cuánto más lo será el espíritu del hombre?
El corazón del hombre sabio es sereno.
Es el espejo del Cielo y la Tierra,
el cristal de todo.
Vaciedad, quietud, tranquilidad, insipidez.
Silencio, no-acción: éste es el nivel del Cielo
       y la Tierra.
Esto es el Tao perfecto. Los hombres sabios
       encuentran aquí
su lugar de reposo.
En reposo, están vacíos.

Del vacío viene lo no condicionado.
De esto, lo condicionado, las cosas individuales.
De modo que, del vacío del sabio, surge la quietud;
de la quietud, la acción. De la acción, el logro.
De su quietud viene su no-acción, que es también
       acción.
Y es, por lo tanto, su logro.

Porque la quietud es el goce. El goce está libre
     de preocupación,
fructífero durante largos años.
El gozo vuelve despreocupadas todas las cosas
porque el vacío, la quietud, la tranquilidad,
     la insipidez,
el silencio y la no-acción
son la raíz de todas las cosas.

T. M.

EL HOMBRE NACE EN EL TAO

Los peces nacen en el agua,
el hombre nace en el Tao.
Si los peces, nacidos en el agua,
buscan la sombra profunda
del estanque o la alberca,
todas sus necesidades
son satisfechas.
Si el hombre, nacido en el Tao,
se hunde en la profunda sombra
de la no-acción,
para olvidar la agresión y las preocupaciones,
no le falta nada,
su vida es segura.

Moraleja: "Todo lo que necesita el pez
es perderse en el agua.

Todo lo que necesita el hombre
es perderse en el Tao."

DEJAR LAS COSAS
COMO ESTÁN

Sé lo que es dejar el mundo tranquilo, no interferir. No sé nada acerca de cómo dirigir las cosas. Dejar las cosas como están ¡de manera que los hombres no hagan hincharse su naturaleza hasta que pierde su forma! ¡No interferir, para que los hombres no se vean transformados en algo que no son! Cuando los hombres no se vean retorcidos y mutilados más allá de toda posibilidad de ser reconocidos, cuando se les permita vivir, habrá sido logrado el propósito del gobierno.

¿Demasiado placer? El Yang tiene demasiada influencia. ¿Demasiado sufrimiento? El Yin tiene demasiada influencia. Cuando uno de éstos se impone al otro, es como si las estaciones llegaran cuando no deben. El equilibrio entre el frío y el calor queda destruido, el cuerpo del hombre sufre.

Demasiada alegría, demasiada tristeza, fuera de su momento preciso, y los hombres pierden el equilibrio. ¿Qué harán después? El pensamiento divaga sin control. Empiezan a hacer de todo, no terminan nada. Aquí comienza la competencia, aquí nace la idea de la excelencia, y los ladrones surgen sobre la faz de la Tierra.

Ahora, ni el mundo entero es recompensa suficiente para los "buenos" ni hay castigo suficiente para los "malvados". Desde ahora, el mundo entero no es suficientemente grande ni como premio ni como castigo. Desde los tiempos de las Tres Dinastías, los hombres han estado corriendo en todas las direcciones imaginables. ¿Cómo van a encontrar tiempo para ser humanos?

• • •

Entrenas tus ojos y tu visión anhela colores. Educas tus oídos y deseas sonidos deliciosos. Te deleitas en hacer el bien y tu bondad natural queda deformada. Te regocijas en ser justo y te vuelves más allá de toda razón. Te excedes en la liturgia y te conviertes en un comicastro. Excédete en tu amor por la música y sólo interpretarás basura. El amor a la sabiduría lleva a una sabiduría prefabricada. El amor al conocimiento lleva a la búsqueda de fallas. Si los hombres se mantuvieran como realmente son, tener o prescindir de estas ocho delicias no significaría nada para ellos. Pero, si se niegan a permanecer en su estado correcto, las ocho delicias se desarrollan como tumores malignos. El mundo cae en la confusión. Ya que los hombres alaban estas delicias, y las anhelan, el mundo ha quedado ciego como una piedra.

Cuando el deleite haya pasado, aún se aferrarán a él: rodean su memoria de adoraciones rituales, caen de hinojos para hablar de él, tocan música y cantan, ayunan y se autodisciplinan en honor de las ocho delicias. Cuando las delicias se convierten en una religión, ¿cómo puede uno controlarlas?

• • •

El hombre sabio, entonces, cuando ha de gobernar, sabe cómo no hacer nada. Al dejar las cosas estar, descansa en su naturaleza original. Aquel que gobierne respetará al gobernado ni más ni menos que en la medida en que se respete a sí mismo. Si ama su propia persona lo suficiente como para dejarla descansar en su verdad original, gobernará a los demás sin hacerles daño. Dejadlo que evite que los profundos impulsos de sus entrañas entren en acción. Dejadlo estar tranquilo, sin mirar, sin oír. Dejadlo estar sentado como un cadáver, con el poder del dragón vivo en torno de sí. En completo silencio, su voz será como el trueno. Sus movimientos serán invisibles, como los de un espíritu, pero los poderes del Cielo irán con ellos. Inalterado, sin hacer nada, verá todas las cosas madurar a su alrededor. ¿De dónde sacará tiempo para gobernar?

T. M.

MIL CAMPANAS

Había un templo construido en una isla, a más o menos tres kilómetros del continente. Allí estaba la isla. Y en aquel templo había mil campanas de plata, grandes y pequeñas.

Campanas forjadas por los mayores artesanos del mundo. Y, cada vez que el viento soplaba, o había tempestad, las campanas sonaban.

Se decía que quien oyese aquellas campanas sería iluminado y tendría una gran experiencia de Dios. Los siglos pasaron, y la isla se sumergió en el océano. La isla, el templo y las campanas. Pero persistió la tradición de que de vez en cuando las campanas tocasen y quien tuviese el don de oírlas sería transportado hasta Dios.

Atraído por la leyenda, un joven emprendió un viaje de muchos kilómetros hasta llegar al lugar donde, se decía, años atrás estaba el templo. Se sentó sobre la primera sombra que encontró y comenzó a esforzarse para oír el sonido de aquellas campanas.

Por más que se esforzó, lo único que consiguió oír fue el rumor de las olas rompiendo en la playa o chocando contra el roquedal. Y eso lo irritó, porque intentaba apartar aquel rumor para oír tocar las campanas. E intentó una semana, cuatro semanas, ocho semanas... Pasaron tres meses. Cuando estaba por desistir, oyó que los ancianos de la aldea hablaban, de noche, sobre la tradición y sobre las personas que habían recibido la gracia, y su corazón se encendió. Pero sabía que el corazón ardiente no sustituiría el sonido de aquellas campanas. Después de intentar seis u ocho meses, resolvió abandonar. Tal vez solamente se tratase de una leyenda, tal vez la gracia no fuese para él. Se despidió de las personas con las que vivía y fue a la playa a decir adiós al árbol que le daba sombra, al mar y al cielo.

Mientras estaba allí, comenzó a escuchar el sonido de las olas y descubrió, por primera vez, que era un sonido agradable, sedante; y el sonido conducía al silencio. Y, mientras el silencio se profundizaba, algo sucedió. Oyó el tintinear de una pequeña campana. Se sobresaltó y pensó: "¡Debo estar produciendo ese sonido, debe ser autosugestión!" Otra vez comenzó a escuchar el sonido del mar, se tranquilizó y se quedó en silencio. El silencio se hizo más denso, y él oyó de nuevo el tintinear de una pequeña campana. Antes de asustarse, otra campana tocó y otra más y otra y otra y otras... Y luego una sinfonía de mil campanas del templo tocando al unísono.

Fue transportado hacia afuera de sí mismo y recibió la gracia de la unión con Dios.

A. M.

SILENCIO

*El silencio es el primer paso
para llegar a Dios.*

EL NO-CONOCIMIENTO

Silencio significa ir más allá de las palabras y de los pensamientos. ¿Qué hay de erróneo en las palabras y en los pensamientos? Que son limitados.

Dios no es como decimos que es; nada de lo que imaginamos o pensamos. Eso es lo que tienen de erróneo las palabras y los pensamientos.

La mayoría de las personas permanecen presas en las imágenes que han hecho de Dios. Éste es el mayor obstáculo para llegar a Él. ¿Le gustaría experimentar el silencio del que hablo?

El primer paso es comprender. ¿Comprender qué? Que Dios no tiene nada que ver con la idea que tenía de Él.

En la India hay muchas rosas. Suponga que no he sentido nunca en mi vida el olor de una rosa.

Pregunto cómo es el perfume de una rosa. ¿Podría usted describírmelo?

Si no puede describir una cosa simple como el perfume de una rosa, ¿cómo podría alguien describir una experiencia de Dios? Todas las palabras son inadecuadas. Dios está absolutamente más allá.

Eso es lo erróneo de las palabras.

Hay un gran místico que escribió *La nube del desconocimiento*, un gran libro cristiano. Y en él dice:

"¿Usted quiere conocer a Dios? Sólo hay un medio de conocerlo: ¡por el no-conocimiento! Usted tiene que salir de su mente y de su pensamiento; entonces podrá percibirlo con el corazón."

Tomás de Aquino dijo sobre Dios (sólo esto puede ser dicho con certeza): "No sabemos lo que Él es." Y también está lo que dice la Iglesia: "Cualquier imagen que hagamos de Dios es más diferente que parecida a Él."

Si eso es verdad, ¿qué son entonces las Escrituras? Bien, ellas no nos dan un retrato de Dios, ni una descripción; nos dan una pista. Porque las palabras no pueden proporcionarnos un retrato de Dios.

Hay otra historia en Oriente, sobre un pececito del océano. Alguien le dijo al pez: "¡Oh, qué cosa tan inmensa es el océano! ¡Es grande, maravilloso!"

Y el pez, nadando en todas direcciones, pregunta: "¿Dónde está el océano?"

"Tú estas dentro de él."

¡Pero el pez ve tan sólo agua!

No consigue reconocer el océano. Está preso de la palabra. ¿Será esto lo que sucede con nosotros? ¿Será que Dios nos está mirando a la cara y que, por estar presos de ciertas ideas, no lo reconocemos? ¡Sería trágico!

El silencio es el primer paso para llegar a Dios y entender que las ideas sobre Dios son todas inadecuadas.

La mayoría de las personas no está lista para entender esto, lo que es un gran obstáculo para la oración.

Y, para alcanzar el silencio, es necesario tomar conciencia de los cinco sentidos, usándolos. A muchos, esto les puede parecer absurdo y casi increíble, pero todo lo que tienen que hacer es mirar, oír, sentir, ver.

En Oriente decimos: Dios creó el mundo. Dios danza en el mundo. ¿Se puede pensar en una danza sin ver al danzarín? ¿Son una sola cosa? No. Dos, y Dios está en la Creación como la voz de un cantor en una canción.

A. M.

LA LUZ DE LAS ESTRELLAS
Y EL NO-SER

La Luz de las Estrellas le preguntó al No-Ser: "Maestro, ¿es usted? ¿O no es usted?"

Como no recibió ninguna clase de respuesta, la Luz de las Estrellas se dispuso a observar al No-Ser. Esperó a ver si aparecía el No-Ser.

Mantuvo su mirada fija en el profundo vacío, con la esperana de echar una mirada al No-Ser.

Todo el día estuvo a la expectativa, y no vio nada. Escuchó, pero no oyó nada. Se extendió para tocar, y no agarró nada.

Entonces, la Luz de las Estrellas exclamó al fin: "¡ESTO es! ¡Es lo más distante que hay! ¿Quién podría alcanzarlo?

Puedo comprender la ausencia del Ser, pero ¿quién puede comprender la ausencia de la Nada? Si ahora, encima de todo, el No-Ser Es, ¿quién puede comprenderlo!"

T. M.

LA PERLA PERDIDA

El Emperador Amarillo fue paseando al norte del Agua Roja, a la montaña de Kwan Lun. Miró a su alrededor desde el borde del mundo. Camino a casa, perdió su perla del color de la noche.

Mandó a la Ciencia a buscar su perla, y no consiguió nada.
Mandó al Análisis a buscar su perla, y no consiguió nada.
Mandó a la Lógica a buscar su perla, y no consiguió nada.
Entonces preguntó a la Nada, ¡y la Nada la tenía!

El Emperador Amarillo dijo:

"¡Es en verdad extraño: la Nada,
que no fue mandada,
que no trabajó para encontrarla,
tenía la perla del color de la noche!"

T. M.

UNIÓN CON DIOS

Si usted quiere llegar algún día a la unión con Dios, debe comenzar por el silencio. ¿Qué es el silencio?

En Oriente, un gran rey fue a visitar a su maestro y le dijo: "Soy un hombre muy ocupado, ¿podría decirme cómo puedo llegar a unirme con Dios? ¡Respóndame en una sola frase!"

Y el maestro le dijo: "¡Le daré la respuesta en una sola palabra!"

"¿Qué palabra es ésa?", preguntó el rey.

Dijo el maestro: "¡Silencio!"

"¿Y cuándo podré alcanzar el silencio?", dijo el rey. "Meditación", dijo el maestro.

La meditación en Oriente significa no pensar, estar más allá del pensamiento.

Entonces dijo el rey: "¿Qué es la meditación?" El maestro respondió: "¡Silencio!" "¿Cómo lo voy a descubrir?", preguntó el rey.

"Silencio", respondió el maestro.

"¿Cómo voy a descubrir el silencio?"

"¡Meditación!"

"¿Y qué es la meditación?"

"¡Silencio!"

A. M.

EL VERDADERO FUEGO

Un hombre inventó el fuego. Apenas lo inventó, fue hacia el Norte, donde hay tribus temblando de frío en las montañas, y comenzó a enseñarles el arte. Les mostró el valor de calentarse en invierno, de cocinar la comida, de utilizar el fuego en la construcción. Y ellos aprendieron con entusiasmo. Apenas aprendieron, el inventor del arte fue a otro lugar sin darles tiempo de agradecer, porque era un gran hombre.

A los grandes hombres no les importa cómo son recordados o que les agradezcamos. Él desapareció y fue hacia otra tribu. Y allí comenzó a enseñar a hacer fuego. Esa tribu también se entusiasmó, y él fue siendo cada vez más famoso.

Entonces los sacerdotes, temiendo que su propia popularidad disminuyese, resolvieron librarse de él y lo envenenaron. Pero, para apartar las sospechas del pueblo, los sacerdotes hicieron lo siguiente: tomaron un retrato del hombre, lo pusieron en el altar superior del templo y dijeron al pueblo que venerase al gran inventor del fuego. Desarrollaron también un ritual y toda una liturgia para la veneración de las herramientas y del inventor del arte de hacer fuego. La veneración y la adoración se fueron perpetuando por décadas y décadas, siglos y siglos, pero no había fuego. ¿Dónde está la oración? ¡En el fuego! ¿Dónde está el fuego? ¡En la oración! ¡Allí está!

A. M.

TAO

Los gallos cantan.
Los perros ladran.
Esto lo saben todos los hombres.
Pero ni siquiera los más sabios
pueden explicar
de dónde provienen estas voces,
o explicar
por qué los perros ladran y los gallos cantan
cuando lo hacen.

Más allá de lo más pequeño entre lo pequeño,
no existe la medida.
Más allá de lo más grande entre lo grande,
tampoco hay medida.

Donde no hay medida,
no hay "cosa".
En este vacío,
¿hablas de "causa"

o de "azar"?
Hablas de "cosas"
donde hay "no-cosas".
Dar un nombre
es delimitar una "cosa".

Cuando miro más allá del principio,
no encuentro medida.
Cuando miro más allá del final,
tampoco encuentro medida.
Allá donde no hay medida,
no hay comienzo de ninguna "cosa".
¿Hablas de "causa" o de "azar"?
Hablas de comienzo de alguna "cosa".

¿Existe el Tao?
Es entonces "algo que existe".
¿Puede "no-existir"?
¿Existe entonces "algo que existe"
que "no puede no-existir"?
Nombrar a Tao
es nombrar una no-cosa.
Tao no es el nombre
de "un existente".
"Causa" y "azar"
no tienen relación alguna con el Tao.
Tao es un nombre
que indica
sin definir.

Tao está más allá de las palabras
y más allá de las cosas.

No viene expresado
ni en palabras ni en silencios,
donde ya no existen palabras o silencio,
se aprehende el Tao.

T. M.

ORACIÓN Y ACCIÓN

Me acuerdo de un rabino que sirvió fielmente a Dios durante toda su vida. Un día, le dijo a Dios: "Señor, he sido un devoto adorador y obediente de la Ley. He sido un buen judío, pero ahora estoy viejo y necesito ayuda: ¡Señor, déjame ganar la lotería para tener una vejez tranquila!" Y rezó, rezó, rezó... Pasó un mes, y dos, cinco, un año entero, tres años se fueron. Un día el hombre, desesperado, dijo: "¡Dios, resuélvete!" Y Dios: "¡Resuélvelo tú! ¿Por qué no compras un billete?"

A. M.

IMPORTUNAR

Un muchacho va al encuentro de un gran maestro sufí. Y le dice al maestro: "Maestro, mi confianza en Dios es tan grande que ni siquiera até mi camello allá afuera. Lo dejé a la providencia de Dios, al cuidado de Él."

Y el maestro sufí dijo: "¡Vuelva y ate su camello al poste, loco!

No es necesario molestar a Dios con algo que usted mismo puede hacer."

Bien claro, ¿no? Es importante tener esa actitud en la mente al hablar de la oración. Dios no puede ser importunado con cosas que usted mismo puede hacer.

A. M.

MEDIOS Y FINES

El portero de la capital de Sung se convirtió en un plañidero tan experto tras la muerte de su padre, y se consumió hasta tal punto con ayunos y austeridades, que fue promovido a un alto rango para que sirviera de modelo para la observación de los rituales.

Como resultado de esto, sus imitadores se mortificaron hasta tal punto que la mitad de ellos murió. Los restantes no fueron ascendidos.

El propósito de una trampa para peces es cazar peces y, cuando éstos han sido capturados, la trampa queda olvidada.

El propósito de un cepo para conejos es cazar conejos. Una vez capturados éstos, el cepo cae en el olvido.

El propósito de las palabras es transmitir ideas. Una vez captada la idea, las palabras quedan olvidadas.

¿Dónde podría yo encontrar a un hombre que haya olvidado las palabras? Es con él con quien me gustaría hablar.

T. M.

INUNDACIONES DE OTOÑO

Las inundaciones de otoño habían llegado. Miles de torrentes salvajes se vertían furiosamente en el río Amarillo. Éste engordó e inundó sus riberas hasta hacer imposible distinguir un buey de un caballo desde la otra orilla. Entonces el Dios del Río se echó a reír, deleitado con el pensamiento de que toda la belleza del mundo había caído bajo su tutela. De modo que giró corriente abajo hasta llegar al océano. Allí miró por encima de las olas hacia el vacío horizonte del este y quedó consternado. Oteando el horizonte, recuperó el sentido y murmuró al Dios del Océano: "Bien, el proverbio está en lo cierto. Aquel que se ha hecho con ideas piensa que sabe más que cualquier otra persona. Así he sido yo. ¡Sólo que ahora comprendo lo que quiere decir *extensión*!"

T. M.

SERENIDAD

Nunca se encuentra la felicidad
hasta que se deja de buscarla.

EL GOZO PERFECTO

¿Existe sobre la Tierra una plenitud de gozo, o acaso no existe tal cosa? ¿Existe alguna manera de hacer que la vida sea realmente digna de vivirse, o es imposible? Si existe esa manera, ¿cómo es posible encontrarla? ¿Qué debemos intentar hacer? ¿Qué debemos intentar evitar? ¿Cuál debería ser la meta en la que nuestra actividad llega a su fin? ¿Qué debemos aceptar? ¿Qué debemos negarnos a aceptar? ¿Qué debemos amar? ¿Qué debemos odiar?

Lo que el mundo valora es el dinero, la reputación, la larga vida, los logros. Lo que considera goce es la salud y el bienestar del cuerpo, la buena comida, la buena ropa, las cosas bellas de ver, música agradable que escuchar.

Lo que condena es la falta de dinero, un rango social bajo, la reputación de no valer para nada y la muerte temprana.

Lo que considera desgracia es la incomodidad corporal y el trabajo. La falta de oportunidad de hartarse de buenas comida, no tener ropas elegantes, no tener medios para entretener o deleitar la vista ni música agradable para oír. Si la gente se encuentra privada de estas cosas, le entra el pánico o la desesperación. Está tan preocupada por su vida, que su ansiedad se la hace insoportable, incluso cuando tiene todo lo que cree desear. Su propia preocupación por divertirse la hace infeliz.

Los ricos hacen tolerable la vida esforzándose por conseguir cada vez más dinero que, en realidad, no pueden usar. Al hacer esto, quedan alienados de sí mismos y se agotan a su propio servicio, como si fueran esclavos de alguna otra persona.

Los ambiciosos corren día y noche en persecución de honores, constantemente angustiados por el éxito de sus planes, temiendo el error de cálculo que lo puede echar todo a perder. Así, están alienados de sí mismos, agotando su vida real al servicio de una sombra creada por su insaciable esperanza.

El nacimiento de un hombre es el nacimiento de su dolor.

Cuanto más tiempo vive, más estúpido se vuelve, porque su ansiedad por evitar la inevitable muerte se hace cada vez más aguda. ¡Qué amargura! ¡Vive para algo que está siempre fuera de su alcance! Su sed de supervivencia en el futuro lo hace incapaz de vivir en el presente.

¿Y qué hay de los líderes y los eruditos que tanto se sacrifican? Son honrados por el mundo, porque son hombres buenos, rectos y sacrificados.

Y aun así su buen carácter no los preserva de la infelicidad, ni siquiera de la ruina, la desgracia y la muerte.

¡Me pregunto, en este caso, si su "bondad" es realmente tan buena después de todo! ¿No será tal vez una fuente de infelicidad?

Supongamos que admitimos que son felices. ¿Pero es acaso algo alegre tener un carácter y una carrera que llevan finalmente a la propia destrucción? Por otra parte, ¿puede llamárselos "infelices", si al sacrificarse salvan las vidas y fortunas de otros?

¡Tomemos el caso del ministro que, consciente y rectamente, se opone a una decisión injusta de su rey! Algunos dicen: "Di la verdad y, si el rey se niega a escuchar, déjalo que haga lo que quiera. Ya no tienes mayor compromiso."

Por otra parte, Tzu Shu siguió oponiéndose a la injusta política de su soberano. Fue, por consiguiente, destruido. Pero, si no se hubiera alzado por lo que consideraba correcto, su nombre no sería honrado como lo es.

De forma que ésta es la cuestión: ¿Habrá de considerarse "bueno" el camino que siguió si, al mismo tiempo, le fue fatal?

No puedo decir si lo que las personas consideran "felicidad" es felicidad o no. Lo único que sé es que, cuando considero la manera en que buscan conseguirla, los veo arrastrados de cabeza, adustos y obsesionados por la marea general del rebaño humano, incapaces de detenerse o de cambiar de dirección. Continuamente afirman estar a punto de alcanzar la felicidad.

Por lo que a mí respecta, no puedo aceptar sus parámetros, ya sean de felicidad o de infelicidad. Me pregunto si, después de todo, su concepto de la felicidad tiene realmente algún significado.

Mi opinión es que nunca se encuentra la felicidad hasta que se deja de buscarla. Mi mayor felicidad consiste precisamente en no hacer absolutamente nada pensado para obtener la felicidad; y éste, según el criterio de la mayor parte de la gente, es el peor de todos los caminos posibles.

Me remito al dicho de que: "El goce perfecto es carecer de él. La alabanza perfecta es carecer de alabanzas."

Si preguntáis "qué hacer" y "qué no debe hacerse" sobre la Tierra para obtener la felicidad, yo contesto que estas preguntas no tienen respuesta. No hay forma de determinar tales cosas.

Y aun así, al mismo tiempo, si dejo de buscar la felicidad, el "bien" y el "mal" resultan inmediatamente evidentes por sí mismos.

El contento y el bienestar se hacen posibles al instante, en el momento en que se deja de actuar con ellos en la mente; y, si se practica el no-hacer *(wu wei)*, se consiguen tanto la felicidad como el bienestar.

He aquí cómo resumo todo esto:

El Cielo no hace nada: su no-hacer es su serenidad.
La Tierra no hace nada; su no-hacer es su reposo.
De la unión de estos dos no-haceres,
proceden todos los actos,
se componen todas las cosas.
¡Cuán vasto, qué invisible
este llegar-a-ser!
¡Todas las cosas vienen de ninguna parte!
¡Cuán vasto, qué invisible…
no hay forma de explicarlo!
Todos los seres en su perfección

nacen del no-hacer.
Es por esto por lo que se dice:
"El Cielo y la Tierra no hacen nada,
y aun así no hay nada que no hagan."

¿Dónde estará el hombre capaz de alcanzar
este no-hacer?

T. M.

HUIDA DE LA SOMBRA

Había un hombre que se alteraba tanto al ver su propia sombra y se disgustaba tanto con sus propios pasos, que tomó la determinación de librarse de ambos. El método que se le ocurrió fue huir de ellos.

Así que se levantó y echó a correr. Pero cada vez que bajaba el pie había otro paso, mientras que su sombra se mantenía a su altura sin dificultad alguna.

Atribuyó su fracaso al hecho de que no estaba corriendo con la suficiente rapidez. De modo que empezó a correr más y más rápido, sin detenerse, hasta que finalmente cayó muerto.

No se dio cuenta de que, si simplemente se hubiera puesto a la sombra, su sombra se habría desvanecido, y si se hubiera sentado y quedado quieto, no habría habido más pisadas.

T. M.

VIDA ACTIVA

¡Si un experto no tiene algún problema que lo preocupe, no es feliz!

¡Si las enseñanzas de un filósofo nunca son atacadas, languidece!

¡Si los críticos no tienen en quién verter su despecho, se sienten infelices!

Toda esta gente es prisionera del mundo de los objetos.

El que busca seguidores persigue el poder político.
El que busca reputación tiene un cargo.
El hombre fuerte busca pesos que levantar.
El hombre valiente busca alguna emergencia
en la que poder mostrar su bravura.
El espadachín desea una batalla
en la que pueda blandir su espada.
Los hombres maduros prefieren un retiro digno
en el cual puedan aparentar ser profundos.
Los hombres experimentados en las leyes buscan casos difíciles
en los que extender la aplicación de las leyes.
Los litúrgicos y los músicos gustan de festivales
en los que exhiben sus ceremoniosos talentos.
Los benevolentes, los dedicados siempre andan a la búsqueda de oportunidades para manifestar su virtud.
¿Dónde estaría el jardinero si ya no hubiera hierbajos?
¿Qué sería de los negocios si no hubiera un mercado de tontos?
¿Dónde estarían las multitudes si no hubiera pretexto para apelotonarse y hacer ruido?
¿Qué sería del trabajo si no hubiera objetos superfluos que hacer?

¡Producid! ¡Obtened resultados! ¡Ganad dinero! ¡Haced amigos! ¡Haced cambios!
¡O moriréis de desesperación!

Aquellos que se ven atrapados por la maquinaria del poder no disfrutan más que la actividad y el cambio, ¡el zumbido de la máquina! Siempre que se presenta una ocasión de actuar, se ven compelidos a hacerlo; no pueden remediarlo. Se ven movidos inexorablemente, como la máquina de la que forman parte. ¡Prisioneros en el mundo de los objetos, no tienen más elección que someterse a las exigencias de la materia! Se ven presionados y aplastados por fuerzas externas, la moda, el mercado, los sucesos, la opinión pública. ¡Jamás, en el transcurso de su vida, consiguen recuperar el sano juicio!

¡La vida activa! ¡Qué lástima!

T. M.

CUANDO EL CONOCIMIENTO FUE AL NORTE

El Conocimiento vagó hacia el norte
buscando al Tao, sobre el Mar Oscuro,
y en lo alto de la Montaña Invisible.
Allí en la montaña se encontró
con el No-Hacer, el Sin-Palabras.

Preguntó:

"Por favor, señor, ¿me podría informar
bajo qué sistema de pensamiento
y qué técnica de meditación
podría aprehender el Tao?
¿Por medio de qué renuncia
o qué solitario retiro
podría reposar en el Tao?
¿Dónde he de comenzar,
qué camino he de seguir
para alcanzar el Tao?"

Tales fueron sus tres preguntas.
No-Hacer, el Sin-Palabras,
no respondió.
No sólo eso,
¡ni siquiera sabía
cómo responder!

El Conocimiento giró hacia el sur,
hacia el Mar Brillante,
y ascendió la Montaña Luminosa
llamada "Fin de la Duda".
Allí se encontró con
"Actúa-según-tus-Impulsos", el Inspirado Profeta,
y le hizo las mismas preguntas.
"Ah —exclamó el Inspirado—.
¡Tengo las respuestas y te las revelaré!"
Pero, justo cuando estaba a punto de decirle todo,
se le fue de la cabeza.
El Conocimiento no obtuvo respuesta alguna.

De modo que el Conocimiento fue por fin
al palacio del Emperador Ti,
y le hizo sus preguntas a Ti.
Ti replicó:
"Ejercitar el no-pensamiento
y seguir el no-camino de la meditación
es el primer paso para empezar a comprender
    el Tao.
No vivir en ninguna parte
y no apoyarse en nada
es el primer paso para descansar en el Tao.
Empezar desde ninguna parte
y no seguir camino alguno
es el primer paso para alcanzar el Tao."

El Conocimiento respondió: "Tú sabes esto
y ahora yo también lo sé. Pero los otros dos
no lo sabían.
¿Qué te parece eso?
¿Quién está en lo cierto?"

Ti replicó:
"Sólo No-Hacer, el Sin-Palabras,
estaba absolutamente en lo cierto. Él no sabía.
Actúa-según-tus-Impulsos, el Profeta Inspirado,
sólo parecía estar en lo cierto
porque se le había olvidado.
En cuanto a nosotros,
no estamos ni siquiera cerca de la verdad
dado que tenemos las respuestas."

Porque aquel que sabe no habla,
aquel que habla no sabe.
Y el Hombre Sabio instruye
sin utilizar las palabras.

Esta historia llegó a los oídos
de Actúa-según-tus-Impulsos,
que estuvo de acuerdo con la forma
de plantearlo de Ti.

Que se sepa,
No-Hacer jamás oyó hablar sobre el asunto
ni hizo comentario alguno.

T. M.

EL HOMBRE DE TAO

El hombre en el cual el Tao
actúa sin impedimento
no daña a ningún otro ser
con sus actos,
y aun así no se considera
"bondadoso", "manso".

El hombre en que el Tao
actúa sin impedimento
no se preocupa por sus propios intereses

y no desprecia a aquellos
que sí lo hacen.
No lucha por ganar dinero
y no convierte en virtud la pobreza.
Sigue su camino
sin apoyarse en los demás
y no se enorgullece
de andar solo
Mientras que no sigue a la muchedumbre,
no se queja de aquellos que lo hacen.
El rango y la recompensa
no lo atraen;
la desgracia y la vergüenza
no lo desaniman.
No está buscando constantemente
el bien y el mal,
decidiendo continuamente "Sí" o "No".
Los antiguos decían, por lo tanto:
"El hombre del Tao
permanece en el anonimato.
La virtud perfecta
no produce nada.
'No-ser'
es 'Ser de verdad',
y el más grande entre los hombres
es nadie."

T. M.

EL ALIENTO DE LA NATURALEZA

Cuando la gran Naturaleza suspira, oímos los vientos
que, silenciosos por sí mismos,
despiertan voces de otros seres,
soplando sobre ellos.
Desde todas las aberturas
suenan fuertes voces. ¿No habéis oído nunca
este ajetreo de tonos?

Ahí está el bosque colgado
sobre la empinada montaña:
viejos árboles con agujeros y grietas
como muescas para vigas, como cuencos,
surcos en la madera, huecos llenos de agua;
se oyen mugidos y rugidos, silbidos,
voces de mando, gruñidos,
profundos zumbidos, tristes flautas.
Una llamada despierta a otra entablando un diálogo.
Los vientos suaves cantan tímidamente,
los fuertes truenan sin restricción.
Entonces el viento se abate. Las aberturas
emiten su último sonido.
¿No habéis observado cómo entonces todo tiembla
    y se aquieta?

Yu replicó: "Comprendo.
La música de la Tierra canta a través de mil orificios.
La música del hombre está interpretada con flautas
    e instrumentos.

¿Qué es lo que interpreta la música de los cielos?"
El maestro Ki dijo:
"Algo sopla sobre mil orificios diferentes.
Algún poder está detrás de todo esto y hace que los
    sonidos se apaguen.
¿Qué es este poder?"

T. M.

¡QUÉ PROFUNDO ES EL TAO!

Mi Maestro dijo: "¡Tao, qué profundo, qué quietud la de su escondrijo! ¡Tao, cuán puro! Sin esa quietud, el metal no reverberaría. La piedra, al ser golpeada, no respondería. El poder del sonido está en el metal, y el Tao en todas las cosas. Cuando chocan, resuenan en el Tao y quedan de nuevo en silencio. ¿Quién podría entonces asignar a todas las cosas su lugar? El rey de la vida anda su camino libre, inactivo, desconocido. Se sonrojaría de intervenir. Él mantiene sus profundas raíces ancladas en el origen, abajo, en el arroyo. Su conocimiento está envuelto de espíritu, y él se hace grande, grande, abre un gran corazón, un refugio para el mundo. Sin pensarlo previamente, sale en toda su majestad. Sin planes previos, sigue su camino y todas las cosas lo siguen. Éste es el hombre soberano, que cabalga por encima de la vida.

Éste ve en la oscuridad, oye donde no hay sonido alguno. En la profunda oscuridad, sólo él ve luz. Sumido en el silencio, sólo él percibe música. Puede ir a los lugares más profundos de las profundidades y encontrar gente. Puede alzarse hasta lo más alto de las alturas y ver significado. Él está en contacto con todos los seres. Aquello que no es sigue su camino. Aquello que se mueve es sobre lo que él se implanta. La grandeza es pequeñez para él, lo largo es corto para él, y todas las distancias son cercanas."

T. M.

SABIDURÍA

Un día, Buda estaba sentado con todos sus discípulos en círculo, cuando apareció un anciano y dijo: "¿Cuánto tiempo quieres vivir? ¡Pide un millón de años y te serán dados!" Buda respondió sin dudar: "¡Ocho años!"

Cuando el anciano desapareció, sus discípulos, desconcertados, preguntaron. "Maestro, ¿por qué no pidió un millón de años? ¡Piense en el bien que haría a centenas de generaciones!"

Y el viejo hombre respondió con una sonrisa: "Si yo viviese un millón de años, las personas se volverían más interesadas en prolongar sus vidas que en buscar la sabiduría."

A. M.

DESTAZANDO UN BUEY

El cocinero del príncipe Wen Jui
estaba destazando un buey.
Extendió una mano,
bajó un hombro,

apoyó un pie,
presionó con una rodilla.
El buey quedó deshecho.
Con un susurro,
el brillante cuchillo de carnicero murmuraba
como un viento suave.
¡Ritmo! ¡Cronometración!
¡Como una danza sagrada,
como las antiguas armonías!

"¡Buen trabajo! —exclamó el príncipe—.
¡Su método es impecable!"
"¿Método? —dijo el cocinero
dejando a un lado su cuchilla—.
¡Lo que hago es seguir el Tao
más allá de todo método!

Cuando empecé a
destazar bueyes,
veía ante mí
al buen entero,
toda una masa única.

Después de tres años,
ya no veía aquella masa;
veía sus distinciones.
Pero ahora ya no veo nada
con los ojos. Todo mi ser aprehende.
Mis sentidos están ociosos. El Espíritu,
libre para trabajar sin un plan concreto,
sigue su propio instinto
guiado por una línea natural.

Por la abertura secreta, el espacio oculto,
mi cuchilla encuentra su propio camino.
No atravieso ninguna articulación,
no corto hueso alguno.

Un buen cocinero necesita cortador nuevo,
una vez al año. Corta.
Un mal cocinero necesita uno nuevo
todos los meses. ¡Él mutila!

Llevo utilizando esta misma hoja
diecinueve años.
Ha destazado
un millar de bueyes.
Su hoja sigue cortando
como si estuviera recién afilada.

Hay espacios entre las articulaciones;
la hoja es delgada y cortante:
cuando esta delgadez
encuentra aquel espacio,
¡hay todo el sitio que se pudiera desear!
¡Pasa como una brisa!
¡Pasa como una brisa!
¡Por eso mantengo esta hoja desde hace diecinueve años
como si estuviera recién afilada!

Cierto es, en ocasiones hay
articulaciones duras. Las siento venir,
entonces me detengo, observo con atención,
me contengo, casi no muevo la hoja,
y ¡whump! la parte se desprende
cayendo como un trozo de tierra.

Entonces retiro la hoja,
me quedo quieto,
y dejo que la alegría del trabajo
penetre en mí.
Limpio la hoja
y la guardo."

El príncipe Wan Hui dijo:
"¡Eso es! ¡Mi cocinero me ha mostrado
cómo debería vivir
mi propia vida!"

T. M.

LAS TRES DE LA MADRUGADA

Cuando desgastamos nuestras mentes, aferrándonos tozudamente a una visión parcial de las cosas, negándonos a ver
un más profundo acuerdo entre éste y su opuesto complementa-
rio, sufrimos lo que se llama "las tres de la madrugada".

¡Qué es esto de "las tres de la madrugada"?

Un domador de monos fue a ver a sus monos y les dijo:

"Con respecto a lo de vuestras castañas: vais a recibir tres medidas por la mañana y cuatro por la tarde."

Ante esto, todos se enfadaron. De modo que dijo: "Está bien,
en este caso os daré cuatro por la mañana y tres por la tarde." En
esta ocasión quedaron satisfechos.

Ambas soluciones eran lo mismo, en tanto que el número de
castañas no variaba. Pero, en un caso, los animales quedaban

descontentos y en el otro satisfechos. El guarda estuvo dispuesto a cambiar sus planes para hacer frente a las condiciones objetivas. ¡No perdió nada al hacerlo!

El hombre verdaderamente sabio, considerando ambos lados de una cuestión sin parcialidad, los ve a la luz del Tao.

Esto se llama seguir dos cursos a la vez.

T. M.

EL TALLADOR DE MADERA

Khing, el maestro tallador, hizo un soporte de campana
con maderas preciosas. Cuando lo hubo terminado,
todos aquellos que lo veían quedaban asombrados.
Decían que tenía que ser
trabajo de los espíritus.
El Príncipe de Lu preguntó al maestro tallador:
"¿Cuál es tu secreto?"

Khing replicó: "Yo no soy más que un trabajador:
carezco de secretos. Sólo hay esto:
cuando empecé a pensar en el trabajo que usted ordenó,
conservé mi espíritu, no lo malgasté en
minucias que no tuvieran nada que ver con él.
Ayuné para dejar
sereno mi corazón.
Después de tres días de ayuno,
había olvidado las ganancias y el éxito.
A los cinco días,

había olvidado los halagos y las críticas.
Al cabo de siete días,
había olvidado mi cuerpo
con todas sus extremidades.

A estas alturas, todo pensamiento acerca de su Alteza
y la corte se habían desvanecido.
Todo aquello que pudiera distraerme de mi trabajo
había desaparecido.
Estaba concentrado en el único pensamiento
del soporte para la campana.
Entonces fui al bosque
para ver los árboles en su propio estado natural.
Cuando ante mis ojos apareció el árbol adecuado,
también apareció sobre él el soporte, claramente,
más allá de toda duda.
Todo lo que tuve que hacer fue alargar la mano
y empezar.

Si no me hubiera econtrado con este árbol
en particular,
no hubiera habido soporte para la campana.

¿Qué pasó?
Mi pensamiento concentrado
se encontró con el potencial oculto en la madera.
De este encuentro vital surgió el trabajo,
que usted atribuye a los espíritus."

T. M.

LÍMITES

No hay límites fijos.
El tiempo no se detiene.
Nada perdura.
Nada es definitivo.
No se puede agarrar
el final o el principio.
El que es sabio ve que cerca o lejos
es lo mismo.
No desprecia lo pequeño
ni valora lo grande.
Donde difieren todos los parámetros,
¿cómo se puede comparar?
Con una mirada,
absorbe el pasado y el presente,
sin lástima por el pasado
ni impaciencia con el presente.
Todo está en movimiento.
Él tiene la experiencia
de la plenitud y el vacío.
No se regocija con el éxito,
ni se lamenta del fracaso.
El juego jamás se acaba.
El nacimiento y la muerte están empatados.
Los términos no son definitivos.

T. M.

ÍNDICE

191

Se terminó de imprimir en el mes de octubre de 2004
en el Establecimiento Gráfico **LIBRIS S. R. L.**
MENDOZA 1523 • (B1824FJI) LANÚS OESTE
BUENOS AIRES • REPÚBLICA ARGENTINA